KB135977

오늘부터 나는
기후 시민입니다

· 기후 위기를 넘는 시민의 힘 ·

오늘부터 나는
기후 시민
입니다

김해동 글 — 인선 그림

현암
주니어

2 국제 사회는 기후 위기에 어떻게 대처할까요?

3 우리나라는 기후 위기에 어떻게 대처하나요?

🌿 우리나라의 기후는 어떻게 변했을까요?

🌿 우리나라는 탄소를 얼마나 많이 배출할까요?

🌿 탄소 배출을 어떻게 줄여야 할까요?

🍃 지자체와 마을에선 탄소를 어떻게 줄일까요?

🍃 도시의 온도를 낮춰야 한다고요?

4　우리의 생활은 어떻게 변해야 할까요?

🍃 탄소 발자국을 줄이려면 어떻게 해야 할까요?

🍃 나도 기후 운동에 참여할 수 있을까요?

🍃 우리가 목소리를 높여야 한다고요?

모두가 기후 시민이 되어야 할 때

지구의 나이는 대략 45억 살 정도예요. 우주를 떠돌아다니던 작은 고체 덩어리들이 끊임없이 충돌하고 합체되면서 지구가 생겨났어요. 작은 천체들이 부딪히면서 생긴 열로 지구는 약 10억 년 동안 불덩어리였어요. 지구에 생명의 씨앗이 싹튼 건 약 35억 년 전, 뜨거웠던 지구가 식으면서 바다가 탄생했을 때였어요. 생명체가 나타난 이후 지구는 끊임없이 뜨거워졌다가 차가워지기를 반복하며 자연환경 조건을 바꿨고, 그때마다 지구에 살던 생명체들도 멸종과 탄생을 되풀이했지요.

그렇다면 지구는 지금 어떤 시기를 지나고 있을까요? 놀랍게도 지구의 기후는 만년설이 쌓이는 빙하기라고 해요.(만년설 역시 기후 위기로 녹을 위기에 처했어요.) 물론 빙하기 중에서도 기온이 높은 간빙기이긴 하지만요. 어찌 됐든 인간을 포함한 모든 생명체는 지구의 낮은 기온에 적응하며 살아가고 있는 거예요.

하지만 지구의 온도가 지금처럼 계속 오른다면, 머지않아 모든 생명체는 뜨거워진 기후 환경 조건에 적응하지 못하고 말 거예요. 너무 먼일 아니냐고요? 그렇지 않아요. 산업 혁명 이후 지구 온도는 급격하게 상승했고, 많은 기후 학자들은 지금의 청소년이 어른이 될 때쯤이면 인류가 한 번도 겪어 보지 못한 기후 문제가 닥칠 거라고 경고했어요.

하지만 아직도 기후 위기가 자신과는 동떨어진 이야기라고 생각하는 사람이 많아요. 기후 재해는 해외 뉴스 토픽에서나 볼 수 있는 일이라고요. 이는 환경 문제에 대한 이해의 부족에서 비롯된 생각이에요. 흔히 기후 변화라고 하면 북극의 빙하가 녹는 장면만 떠올리지만, 지구 온도가 오르면 대기와 해양의 대순환이 변하고, 우리나라를 포함한 전 세계에 엄청난 영향을 끼쳐요. 우리나라에서 종종 발생하는 기후 재해 역시 이런 거대한 흐름 안에서 생겨나는 일이에요. 지구에 발붙이고 사는 지구인이라면 기후 문제를 따로 떼 놓고 생각할 수 없어요. 기후 재해가 어디에서 발생하든, 그건 이 시대를 살아가는 모든 지구인이 당면한 공동의 과제인 거예요.

그렇다면 기후 문제를 해결하는 가장 현실적인 방법은 뭘까요? 답은 간단해요. 우리 모두가 기후 시민이 되는 거예요. 지구 생태계가 파괴되는 것을 가만히 손 놓고 보지 않고, 직접 나서서 적극적으로 문제를 해결해 나가면 돼요. 기후 위기는 인간이 만들어 낸 문제이니, 우리가 힘을 모아서 함께 노력한다면 충분히 막을 수 있어요. 무엇보다 우리는 기후 위기를 경험하고 있는 당사자이기도 하니까요.

이 책은 기상과 기후의 차이를 묻는 것에서부터 시작해요. 그리고 기후 위기의 원인, 기후 위기가 우리 생태계에 끼치는 영향과 피해에 대해 설명하고 있어요. 기후 시민으로 한 발짝 내딛기 위해 알아야 할 기초 상식은 물론, 기후 시민이 되기 위한 방법을 78가지 질문을 통해 담아냈지요.

때론 기후 시민이라는 단어가 너무 거창하게 느껴질 수도 있어요. 거대한 기후 문제 앞에서 무엇을 할 수 있는지 무기력해지는 때도 있죠. 하지만 분리배출을 열심히 하고, 육식을 줄이는 것만으로도 이미 기후 시민운동에 동참하고 있는 거예요. 여기서 더 나아가 적극적으로 목소리를 내고, 지구 곳곳에 숨어 있는 기후 시민과 서로 연대한다면 세상은 빠른 속도로 달라질 수 있어요.

기후 문제를 다루는 국제기구인 세계기상기구와 유엔환경계획 역시 시민들에게 기업과 정부를 감시하고 압박해 달라고 요청하고 있어요. 지금 당장은 작은 힘일 수 있지만, 기후를 생각하는 기후 시민들이 모이면 큰 물결을 만들어 낼 수 있다고 믿어요.

한 명의 기후 시민

김해동

1

기후가 변하면
무슨 일이
벌어지나요?

기상과 기후는
어떻게 다른 건가요?

01 기상이 뭘까요?

뉴스 방송을 보면 마지막에 현재 날씨가 어떤지, 앞으로 날씨가 어떻게 변해 갈지를 알려 줘요. 스마트폰에 날씨 앱을 설치하면 기온과 습도, 비가 내릴지 여부도 시간마다 알 수 있지요. 이렇게 시시때때로 변하는 대기의 상태를 '기상'이라고 해요. 그러니까 우리가 매일 겪는 맑고 흐림, 기온의 높고 낮음, 바람의 강하고 약함과 같은 대기 상태를 기상이라고 하는 거예요. 같은 말로 날씨라고 하지요.

어색하거나 대화가 이어지지 않을 때 날씨만큼 좋은 이야기 주제도 없어요. 특히 오랜만에 만나서 어색한 친구에겐 가볍게 날씨 이야기로 운을 떼기도 해요. '오늘은 비바람도 부는

데, 쌀쌀하기까지 하네!'라고요. 이 말에는 풍속, 강수, 기온이라는 날씨 정보가 들어 있어요. 이런 각각의 정보를 기상 요소라고 부르는데, 날씨는 이런 기상 요소를 사용해서 표현하면 돼요.

방송에서 기상 캐스터가 일기 예보를 할 때도 이들 기상 요소를 이용해 현재 날씨가 어떻고, 앞으로 날씨가 어떻게 변해 갈지를 알려 줘요.

기후가 뭘까요?

매일매일의 날씨 상태를 기상이라고 했어요. 그럼 기후는 뭘까요? 아래 대화를 함께 살펴봐요.

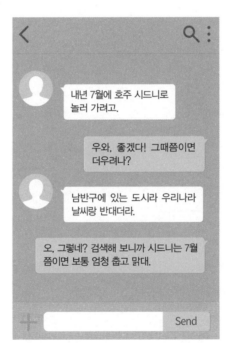

내년 7월에 호주 시드니로 놀러 가려고.

우와, 좋겠다! 그때쯤이면 더우려나?

남반구에 있는 도시라 우리나라 날씨랑 반대더라.

오, 그렇네? 검색해 보니까 시드니는 7월 쯤이면 보통 엄청 춥고 맑대.

두 사람은 호주 시드니의 날씨에 대해 묻고 답하고 있어요. 이 대화를 통해 내년 7월에는 시드니의 날씨가 평균적으로 춥다는 사실을 알 수 있지요. 이렇게 어떤 지역에서 특정 시기에 나타나는 평균적인 날씨(기상) 상태를 '기후'라고 해요.

TV에서 방송하는 일기 예보를 보면 이런 말을 들을 때가 있어요.

"금년 겨울은 예년에 비해 2도 이상 높은 온도를 보이고 있습니다."

여기서 말하는 금년과 예년은 무엇일까요? 금년은 사전적 의미로 '지금 지나가고 있는 올해'라는 뜻으로, 올해의 기상 상태를 설명하는 개념이에요. 예년은 '보통의 해'라는 뜻으로, 지난 30년 동안의 기상의 평균 상태를 이르는 말이에요. 예년은 평년이라고도 해요.

예를 들어 2021년의 예년 혹은 평년을 알아보려면, 1991년부터 2020년 동안의 평균 기온을 살펴보면 돼요. 이렇게 구한 값을 '기후 값'이라고 해요.

기상과 기후를
비교해 볼까요?

기상과 기후를 비교할 땐 다음과 같은 비유를 쓰기도 해요. 날씨는 어떤 사람의 기분이고, 기후는 그 사람의 성격이라고 요. 사람의 기분은 시시각각 변하잖아요? 날씨도 마찬가지예 요. 아침에는 화창했어도 소나기가 내리면 금방 흐려지지요.

반면 성격은 오랜 기간에 걸쳐 다양한 감정을 느끼고, 그 감 정에 익숙해져서 만들어진 그 사람의 고유한 특성이에요. 하 루하루 느끼는 감정과 버릇이 오랜 기간 쌓이면 성격이 되는 거예요. 예를 들어 대구의 여름은 다른 지역보다 덥고, 제주도 는 여름에도 바람이 강하고 비가 많이 와요. 이렇게 지역마다 지닌 고유의 특성을 기후라고 해요.

지역마다 날씨는 그때그때 바뀌지만, 오랜 기간 동안 나타났 던 날씨 데이터의 평균을 계산해 보면 그 지역의 고유한 기후 가 나타나요. 이게 바로 기상과 기후의 차이예요.

기후 변화가
뭔가요?

요즘은 어딜 가나 기후 변화라는 말을 쉽게 들을 수 있어요. 기후 변화는 사람의 성격이 점차 변하듯, 기후 상태가 변해 가는 것을 뜻하는 말이에요. 어떤 지역이 과거보다 훨씬 더워진다거나 비가 많이 온다면 기후 변화가 일어났다고 할 수 있겠죠?

기후 변화는 자연스러운 현상일까?

기후가 변해 가는 것은 지구가 만들어진 이래로 계속 이어져 온 자연스러운 현상이에요. 그런데 사람들은 왜 기후 변화를 막아야 한다고 말할까요? 그 이유는 요즘 나타나는 기후 변화는 과거에 있었던 기후 변화와 다르기 때문이에요. 과거의 기후 변화는 자연 스스로 만들어 내는 현상이었지만, 지금의 기후 변화는 사람들이 인위적으로 만들어 내는 현상이거든요.

우리는 산업 혁명 이래로 석탄, 석유, 천연가스와 같은 화석 연료를 너무 많이 사용했어요. 그 결과 대기에 이산화탄소가 지나치게 많아졌고, 결국 지구의 온도가 높아졌어요. 기후를 연구하는 전문가들은 갑작스러운 기후 변화가 지구에 존재하는 생물 종이 경험하지 못한 다양한 문제를 불러올지도 모른다는 점에서 사람들의 관심이 절실하다고 말해요.

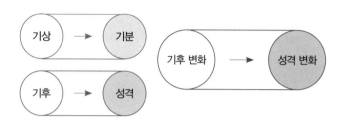

지금이 정말
기후 위기인가요?

지금을 기후 위기라고 하는
이유가 뭘까요?

사람들은 산업 혁명 이전에는 석탄을 많이 사용하지 않았어요. 그때는 농사를 짓거나 물건을 만들 때, 동물의 힘을 빌리거나 사람이 직접 힘을 들여서 일했거든요. 동물이나 사람의 힘을 생물 에너지라고 해요.

산업 혁명은 생산 활동에 필요한 에너지를 생물 에너지에서 무생물 에너지로 바꿀 수 있게 되면서 시작됐어요. 1776년 출시된 증기 기관 덕분에 인간은 생산 활동 에너지를 석탄에서 끌어 올 수 있게 되었지요. 이때부터 석탄 사용이 빠르게 늘기 시작했고, 대기에 이산화탄소 농도도 함께 증가했어요.

지구 온난화가 아니라 기후 변화

과학자들은 대기 중에 이산화탄소가 증가하면 지구 온도가 상승한다는 사실을 20세기 초에 알았어요. 하지만 이 현상이 지구 환경에 나쁜 영향을 줄 거라고는 생각하지 못했어요. 그래서 '지구 온난화'라는 말이 쓰였던 거예요. 그러나 20세기 후반이 되자, 대기 중 온실가스가 증가하면 지구 온도를 높일 뿐 아니라 기후를 변화시키고, 이상 기후가 생겨난다는 사실을 알아냈어요. 그리고 이 현상이 지구 환경에 나쁜 영향을 미친다는 사실도 밝혀졌지요. 이때부터 과학자들은 지구 온난화라는 말 대신, '기후 변화'라는 용어를 사용하기로 했어요.

기후 위기는 곧 생태계의 위기

21세기가 시작될 무렵부터 지구의 온도는 점점 더 빠르게 올라갔고, 대규모 기후 재해도 더욱 자주 발생했어요. 지구 생태계가 위험해지자, 인간의 삶도 위협받기 시작한 거예요. 국제 사회는 지구 온난화, 기후 변화라는 말이 지금 발생하고 있는 기후 문제의 위험성을 제대로 전달하기엔 부족하다고 판단했어요. '기후 위기', '기후 붕괴', '기후 파탄' 같은 용어를 사용해야 한다는 공감대가 만들어지기 시작한 거예요. 지금을 '기후 위기'라고 하는 이유는, 기후 변화로 인간과 자연 생태계가 아주 큰 위험에 직면했다는 사실을 표현하기 위해서예요. 기후 위기는 곧 인간과 지구 생태계의 위기예요.

대멸종 시대가
정말 올까요?

　대멸종이란 지구상에 존재하는 생물 종이 대부분 사라지는 현상을 말해요. 과거 지구에는 5번의 대멸종이 있었던 것으로 추정돼요. 대멸종이 일어난 이유에는 소행성 충돌, 화산 폭발 등 많은 가설이 있어요. 그런데 최근 과학자들은 기후 위기로 6번째 대멸종이 진행되고 있다고 경고해요. 과학자들이 이렇게 주장하는 이유는 무엇일까요? 대멸종을 제대로 이해하려면, 먼저 '식생대의 기후 천이'에 대해 알아야 해요.

　지구 온난화가 심해지면 기온이 올라가고, 그곳에 살던 식물들은 서식지를 잃고 사라져요. 대신 그 과정에서 남은 씨앗이 바람이나 물, 혹은 동물의 배설물을 통해 보다 기온이 낮은 고위도로 서식지를 옮겨 가요. 그러면 고위도에서 또 새로운 서식지가 만들어져요. 바로 이 현상을 식생대 기후 천이라고 해요. 과거 우리나라는 따뜻한 남쪽 지역에서만 주로 사과를 재배했지만, 이제는 기온이 낮은 강원도에서도 사과를 재배하고 있어요. 이러한 현상도 식생대 기후 천이라고 볼 수 있어요.

기후 천이와 대멸종이 무슨 상관일까?

그런데 식생대 기후 천이와 대멸종이 무슨 상관일까요? 식물이 종자를 퍼뜨리는 방식으로 서식지를 옮길 수 있는 거리는 기껏해야 1년에 1km 정도밖에 안 된다고 해요. 그러니까 지구의 기온이 10년 동안 0.05℃ 이상 오르면 안 된다는 말이에요. 국제 사회는 이 수치를 기준으로 지구 온도 상승 폭을 1.5℃ 이내로 붙잡아 두는 '1.5℃ 시나리오'를 세웠어요.

그런데 현재 지구의 온도가 오르는 속도를 보면 이보다 2배나 빨라요. 지구 온도가 지금처럼 빠르게 오르면 식물이 씨앗을 고위도로 퍼뜨려서 새로운 서식지를 만들어 내지 못한 채 죽어 버려요. 식물이 사라지면 숲이 있던 지역은 사막으로 변하고, 식물에 의존해서 살아가던 곤충과 동물들도 삶의 터전을 잃고 결국엔 멸종하고 말아요.

오늘날 기후 변화와 환경 오염으로 멸종되는 동식물의 종은 1년에 100만 종이 넘는다고 해요. 그래서 과학자들은 5번의 대멸종에 이어, 앞으로 6번째 대멸종이 찾아올지도 모른다고 말하는 거예요.

07

07 기후 변화로 빙하기가 온다고요?

여러 재난 영화를 연출한 롤랜드 에머리히 감독은 2004년 영화 〈투모로우〉에서 기후 위기로 빙하기가 찾아온 지구를 그렸어요. 지구 온난화 문제가 심각해지면 그린란드의 빙하가 녹아내리고, 그 결과 유럽과 북미 대륙에 기온이 크게 떨어져 빙하기가 올 수 있다는 거예요. 그런데 최근 들어 영화에서나 볼 수 있었던 재난이 현실로 다가왔다는 기사가 쏟아지고 있어요. 대체 지구에 무슨 일이 일어나고 있는 걸까요?

지구를 연결하는 컨베이어 벨트

유럽과 북미 대륙의 중간에 있는 대서양에는 멕시코 만류가 흐르고 있어요. 멕시코 만류는 대서양에서 서쪽 연안을 따라 흐르는 따뜻한 난류예요. 이 난류가 저위도에서 북쪽 지역으로 열을 옮겨 줘서 유럽은 같은 위도에 위치한 다른 대륙에 비해 온난한 기후를 유지할 수 있어요.

이런 거대한 해양의 흐름을 '해양 컨베이어 벨트'라고 해요. 바닷물은 염분이 높고 수온이 낮을수록 무거워지는데, 이런 특징 때문에 지구를 둘러싼 해양에 커다란 흐름이 생기는 거예요. 이렇듯 수온과 염분의 밀도 차로 해류의 순환이 생긴다 해서 이 현상을 '열염 순환'이라고 불러요.

해양 컨베이어 벨트는 그린란드 대륙의 먼바다에서 시작돼요. 그린란드에 닿은 멕시코 만류는 차가운 바다에서 얼어 버리지요. 이때 소금물은 얼지 않다 보니 그 주변 바닷물의 밀도가 높아져 심해 아래로 가라앉는 침강 현상이 발생해요. 심해로 들어간 바닷물은 남극해로 흘러가는데, 그곳에서 흐름이 더욱 강해져요. 심해수는 남극해에서 북쪽으로 흘러 인도양과 태평양에서 용승해요. 그런 뒤 다시 대서양으로 되돌아가요.

컨베이어 벨트가 멈추면 빙하기가 온다

이처럼 바다의 순환은 바닷물의 밀도 차 때문에 생기는 거예요. 그런데 기후 변화로 그린란드 대륙의 기온이 높아지자, 빙하가 녹아서 바닷물의 염분이 낮아지고 있어요. 그럼 바닷물의 밀도 역시 낮아지겠죠? 앞으로 더 많은 빙하가 녹으면 해양 컨베이어 벨트의 속도가 느려지거나 멈추게 되고, 저위도의 열이 고위도로 옮겨 갈 수 없게 돼요. 이런 현상이 계속되면 영화 〈투모로우〉에서 본 빙하기가 지구에 찾아올지도 몰라요.

빙하? 빙산? 차이가 뭘까?

빙하와 빙산은 어떻게 다를까요? 빙붕과 빙상은요? 남극과 북극의 얼음 덩어리는 비슷해 보여도 저마다 이름을 가지고 있어요. 이들이 어떻게 다른지 지금부터 하나하나 살펴봐요.

'빙하'는 극지방이나 알프스, 로키산맥같이 높은 산의 정상 부근에 분포한 두꺼운 얼음층을 말해요. '빙상'은 얼음이 덮고 있는 면적이 50,000km²에 이르는 거대한 빙하 얼음 덩어리예요. 50,000km²는 우리나라 면적의 50%나 되는 크기지요.

'빙붕'은 육지에 접해 있으면서 해상에 떠 있는 거대한 얼음 덩어리를 가리켜요. 빙붕은 땅 위에 있는 빙하가 녹지 않도록 돕는 역할을 해요. 그런데 최근 기후 변화로 따뜻해진 바닷물이 빙붕을 빠르게 녹여서 여름철이 되면 하루에도 수십억 톤에 이르는 빙붕이 무너져 내린다는 소식이 들려와요. 빙붕이 무너져서 해양으로 쏟아져 나오면 크고 작은 얼음 덩어리가 바다를 떠돌아다니게

되는데, 이들을 '빙산'이라고 불러요.

기후의 나이테, 빙상 코어

빙상은 수천만 년 동안 내린 눈이 계속 쌓여서 만들어
졌어요. 이 빙상 얼음을 뚫어서 눈 속에 들어 있던 공기
를 조사해 보면 먼 옛날의 대기 환경을 알 수 있어요. 이
렇게 빙상을 뚫어서 채굴한 거대한 봉 형태의 얼음을
'빙상 코어'라고 불러요.

덴마크의 윌리 댄스가드 연구팀은 1982년에 직경

대수층에서 추출한 빙상 코어의 모습

10cm, 깊이 2,035m에 이르는 얼음 기둥을 채굴했어요. 이 얼음 기둥으로 6만 7천 개의 샘플을 만들어서 분석했더니, 과거 특정 시기마다 지구의 온도가 크게 변했다는 사실이 밝혀졌어요.

최근에는 지난 11만 년 동안 불과 수십 년 안에 그린란드의 온도가 크게 올랐다가 떨어지는 일이 24번이나 있었다는 사실도 밝혀졌어요.

이렇게 짧은 기간 동안 기온이 크게 변하는 현상을 '기후 점프'라고 불러요. 기후 점프는 해양대 순환이 멈추거나, 다시 순환을 시작할 때 나타났다고 해요.

08

남극 빙하가
더 위험한 상태라고요?

남극에는 북극보다 훨씬 많은 얼음이 존재해요. 남극 대륙의 넓이는 미국과 멕시코의 면적을 합한 것과 비슷할 정도로 광활하거든요. 남극의 얼음은 세계 담수량의 71%에 달하는 양이라고 해요.

남극의 빙상은 서남극 빙상과 동남극 빙상으로 구분해요. 동남극의 면적은 서남극보다 훨씬 넓고 얼음도 많아요. 동남극의 빙상은 얼음의 평균 두께가 2.6~5km이고, 서남극 빙상의 평균 두께는 1.8km 정도라고 해요. 이들 빙상은 약 2천 5백만 년 전부터 내렸던 눈이 차곡차곡 쌓여서 만들어졌어요. 엄청난 빙상의 무게 때문에 남극 대륙은 주변보다 약 1km나 더 가라앉은 상태예요.

오늘날 남극 대륙은 해안에 접해 있는 빙붕이 녹아내리면서 빙상이 바다 쪽으로 서서히 미끄러져 내려오고 있어요. 서남극과 동남극이 비슷한 상황이지만, 서남극 빙상이 더욱 위험해요.

지구 최후의 날 빙하

특히 최근 주목받는 곳이 스웨이츠 빙하예요. 스웨이츠 빙하는 서남극 빙상에서 가장 낮은 계곡에 자리 잡고 있어요. 서남극 빙상이 뒤집혀 있는 와인 병이라고 한다면, 스웨이츠 빙하는 병마개 역할을 하고 있어요. 그러니까 이곳이 녹아내리면 코르크 마개가 빠진 와인처럼, 서남극 빙하가 바다로 빠르게 흘러갈 거예요.

서남극 빙하가 바다로 쏟아져 내리면 전 세계 해수면의 높이는 5.6m나 높아질 거라고 해요. 스웨이츠 빙하는 가장 빠르게 녹아내리면서 지구에 치명적인 피해를 끼칠 수 있어서 '지구 최후의 날 빙하'라고도 불려요.

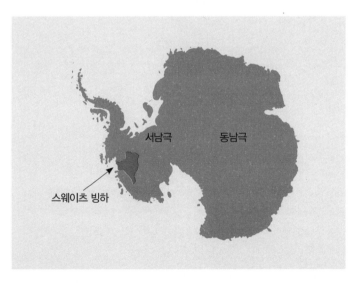

스웨이츠 빙하의 위치

기후 위기의
원인이 뭘까요?

09

이산화탄소가
문제라고요?

기후 위기를 일으킨 주요 원인은 대기 중에 이산화탄소 농도가 크게 오른 데 있어요. 우리는 에너지를 얻기 위해 석탄, 석유, 천연가스 등 화석 연료를 지나치게 사용했고, 결국 대기 중 이산화탄소가 걷잡을 수 없이 많아졌어요. 산업 혁명은 인류에게 풍요로운 삶을 선물했지만, 기후 위기라는 또 다른 재앙을 불러왔어요.

산업 혁명은 250여 년 전 제임스 와트가 증기 기관을 개발하면서 시작되었어요. 이전에는 인간이나 동물의 힘에 의존해 생산 활동을 이어 갔지만, 산업 혁명 이후부터는 석탄을 연소시켜서 얻은 열로 기계를 움직이는 게 가능해졌어요. 공장에서 물건을 엄청나게 많이 생산하게 된 것은 물론, 교통수단도 크게 발달해 소비자들에게 물건을 쉽게 전달할 수 있게 되었어요.

기후 위기를 부른 인구 증가

산업 혁명이 시작될 당시 전 세계 인구는 3억 명에 불과했다고 해요. 하지만 오늘날 세계 인구는 무려 80억 명에 가깝

게 늘어났어요. 지난 250년 사이 25배가 늘어난 거예요. 기술이 발전하고 경제 성장 속도가 빨라지면서 인류는 전례 없는 번영을 누리게 되었어요. 하지만 인구가 늘면서 화석 연료를 더 많이 사용했고, 대기 중 이산화탄소는 점점 더 많아졌어요.

유엔(UN)은 〈세계 인구 전망 보고서〉를 통해 인구가 90억 명이 되는 시점을 2037년으로 예상했어요. 앞으로 20년 안에 인구가 10억 명 더 증가하게 될 거라는 말이에요. 이산화탄소는 지구의 온도를 높여 극심한 이상 기후 현상을 일으켜요. 앞으로 화석 연료를 줄이려는 노력을 게을리 한다면, 우리는 한 번도 겪어 본 적 없는 규모의 기후 재난을 마주하게 될지도 몰라요.

온실가스는 지구를 어떻게 뜨겁게 만들까?

이산화탄소를 포함한 온실가스는 지구의 온도를 어떻게 높이는 걸까요? 온실가스는 지구 대기에서 비닐하우스 같은 온실 역할을 해요.

비닐하우스는 내부에 태양열을 가둬서 온도가 따뜻하게 유지되도록 하는 장치예요. 비닐하우스의 비닐을 통과한 태양 빛이 땅바닥에 닿으면, 빛이 흙에 흡수되어 땅의 온도를 높여요. 땅바닥도 태양처럼 빛을 내뿜고 있어요. 그 빛은 적외선이라서 우리 눈에 보이지는 않아요. 물론 적외선 카메라를 이용하면 볼 수 있지만요.

그런데 태양 빛과는 달리 땅이 내는 빛, 그러니까 적외선은 비닐을 통과할 수 없어요. 비닐하우스 내부로 들어온 적외선은 비닐에 반사되어 다시 땅에 흡수돼요. 이런 현상이 계속되면 비닐하우스 바닥의 온도는 자꾸 높아지고, 내부의 공기 역시 땅의 열로 데워져서 기온이 상승하는 거예요. 이처럼 대기에 존재하는 온실가스는 비닐하우스의 역할을 해서 지구의 온도를 상승시켜요. 그

래서 사람들은 이산화탄소를 온실가스라고 부르는 거
예요.

온실가스가 지구에 필요하다고?

하지만 온실가스는 지구 대기에서 필요한 존재예요.
무슨 말이냐고요? 만약 지구에 온실 효과가 생기지 않
는다면, 지구는 기온이 너무 차가워지거나 뜨거워져서
생명체가 살 수 없는 공간이 될 거예요. 우리가 온실가
스가 문제라고 하는 이유는 온실가스를 '너무' 많이 배출
하기 때문이에요. 대기 중으로 배출되는 이산화탄소를
줄여서 온실가스를 적정한 수준으로 유지한다면 지구
온난화 문제도 바로잡을 수 있을 거예요.

자연을 훼손하면
지구의 온도가 오른다고요?

자연을 훼손시켜서 도시, 목장, 농경지를 만드는 것도 기후 변화를 앞당기는 데 일조해요. 땅을 넓히기 위해 갯벌과 숲을 없애면 물이 줄어들겠죠? 그러면 물이 증발해서 수증기로 변할 때 주변으로부터 더 많은 열을 흡수해야 해요.

뜨거운 여름날 도로에 물을 뿌리면 주변이 시원해지는 현상을 느낀 적 있을 거예요. 그건 물이 증발하면서 열을 흡수했기 때문이에요. 이처럼 도시에도 열을 흡수할 나무와 숲이 있어야 온도가 올라가는 걸 막을 수 있어요.

숲이 없으면 탄소가 많아진다

숲을 훼손시키면 온실가스도 함께 증가해요. 가을이 되면 숲에는 낙엽과 오래돼서 죽은 고목이 쌓이기 시작해요. 이를 '부엽토'라고 해요. 미생물은 부엽토를 분해하고, 이 과정에서 탄소가 만들어지지요. 미생물은 부엽토 층의 온도가 높을수록 더 활발히 활동하는데, 숲이 훼손되어 땅이 태양 에너지를 더 많이 받으면, 부엽토 층의 온도도 훨씬 많이 올라요. 게다가 부엽토가 햇빛을 받아 분해되면서 생긴 탄소가 대기에 풍

부한 산소와 결합하면 더 많은 이산화탄소가 발생해요.

습지에는 엄청난 양의 탄소가 저장되어 있어요. 습지를 파괴하면 습지 속 탄소가 미생물에 의해 분해되거나 대기 중의 산소와 직접 결합해, 엄청난 양의 이산화탄소를 발생시켜요. 그래서 습지를 '탄소 폭탄'이라고 부르기도 해요. 우리가 자연을 훼손하지 않고 잘 보전해야 땅속에 저장된 탄소가 대기로 빠져나가지 않을 거예요.

11 미세 먼지도 기후 변화에 영향을 미칠까요?

미세 먼지는 공기 중에 고체 또는 액체 상태로 존재하는 작은 먼지 입자예요. 미세 먼지를 마시면 우리 몸에 안 좋은 영향을 끼쳐 여러 질병을 유발하는 것으로 알려져 있어요. 그런데 이런 미세 먼지가 기후 변화와 무슨 상관이 있을까요? 그 이유를 알려면 중생대로 거슬러 올라가야 해요.

중생대에 공룡이 멸종한 원인으로는 소행성 충돌설이 가장 유명해요. 소행성이 지구와 충돌하자 엄청난 흙먼지가 대기로 올라가 햇빛을 가렸고, 지구에 빙하기가 찾아와 공룡이 멸종했다는 거예요. 이처럼 먼지는 온실가스와는 반대로 지구의 온도를 낮춰요.

대기 중에 떠다니는 미세 먼지는 태양 빛을 반사해 우주 공간으로 내보내는 역할을 해요. 먼지가 태양 빛을 막는 효과를 '먼지의 파라솔 효과'라고 불러요. 햇살이 강할 때 양산을 쓰면 피부가 손상되는 것을 어느 정도 막을 수 있잖아요? 같은 원리예요.

황사의 두 얼굴

우리나라를 포함한 동아시아에는 오래전부터 중국의 황토 고원에서 만들어진 먼지가 서풍을 타고 동쪽으로 이동하는 황사 현상이 활발했어요. 이런 황사 활동이 활발했던 해에는 기온이 낮았다고 추정돼요.

사하라 사막에서도 거대한 모래바람으로 흙먼지가 만들어지는데, 이를 사하라 황사라고 불러요. 이렇게 만들어진 흙먼지는 남미 대륙에 있는 아마존 열대 우림으로 이동해 가요.

원래 열대 우림 지역은 덥고 강수량이 많아서 땅속 미네랄 성분이 씻겨 나가는 용탈 작용이 심해요. 그래서 토양이 무척 척박하지요. 하지만 이런 환경에도 아마존은 세계 최대의 열대 밀림을 이루고 있어요. 이는 순전히 사하라 황사가 열대 우림으로 미네랄 성분을 공급해 주기 때문에 가능한 일이에요.

과거에는 우리나라로 불어오는 황사에도 미네랄 성분이 풍부했어요. 그래서 토양을 비옥하게 만드는 효과를 불러왔지요. 하지만 최근에는 황사 속에 중국의 산업 시설에서 배출되는 대기 오염 물질이 섞여 오기 때문에 토양을 오염시키는 나쁜 영향이 더 크다고 해요.

12   기후 변화에도 천문학적 원인이 있다면서요?

기후 변화의 원인은 크게 인위적 원인과 자연적 원인 두 가지로 나눌 수 있어요. 인위적 원인은 쉽게 말해 인간 활동이 기후를 인위적으로 변화시킨다는 거예요. 개발을 위해 자연을 훼손하거나 화석 연료를 사용하는 것 또한 인위적 원인이라 할 수 있지요. 그렇다면 자연적 원인에는 무엇이 있을까요? 자연적 원인에는 해양대 순환의 변화, 지구의 화산 활동, 천문학적 요인 등이 있어요. 이번 장에서는 기후 변화의 천문학적 요인에 대해 살펴볼 거예요.

기후 변화의 천문학적 요인

천문학적 요인은 천체 운동의 결과로 지구에 들어오는 태양 에너지의 양이 변해서 나타나는 기후의 변화를 말해요. 이 요인은 지구 바깥에서 만들어지기 때문에 '기후 변화의 외적 요인'이라고도 불러요. 대표적인 예로 다음의 4가지를 들 수 있어요.

❶ 태양 흑점 주기

첫 번째는 '태양 흑점 주기'예요. 태양 표면을 망원경으로 살펴보면 표면에 검은 반점이 관측되는데, 이것이 태양의 흑점이에요. 흑점은 17세기에 갈릴레오가 처음 관측했어요. 갈릴레오는 자신이 개발한 망원경으로 흑점이 태양 표면에서 이동하는 것을 관찰했다고 해요. 태양의 흑점 개수는 약 11년을 주기로 그 수가 많아졌다가 적어졌다가를 반복하는데, 이를 태양 흑점 주기라고 해요.

흑점은 주변보다 온도가 1,000~2,000℃나 낮아서 어둡게 보여요. 태양 표면의 온도가 낮을수록 태양이 내보내는 에너

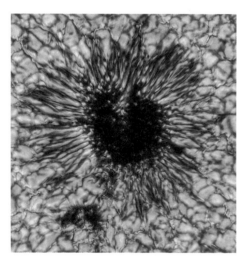

태양의 흑점 관측 모습

지양이 감소하기 때문에 검게 보이는 거예요. 흑점의 수가 많고 적음에 따라 지구 표면에 도달하는 태양 에너지의 양도 달라지겠죠? 그 결과 지구의 온도도 함께 변하는 거예요.

❷ 지구의 공전 궤도 변화

두 번째는 '지구의 공전 궤도 변화'예요. 지구가 태양 주위로 공전하는 궤도는 약 10만 년을 주기로 변해요. 공전 궤도는 원형이 되기도 하고 타원형으로 변하기도 하는데, 이에 따라 지구와 태양 사이의 거리가 가까워지거나 멀어지는 시기가 나타나요. 지구와 태양 사이의 거리가 짧을수록 지구가 받는 태양 에너지가 많아지는데, 현재 지구의 공전 궤도는 타원형이

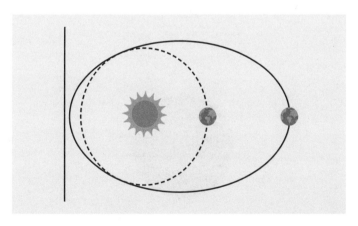

지구의 공전 궤도 변화

었다가 점점 원형으로 변해 가는 시기라고 해요. 앞으로 3만 5천 년 정도는 이 상태가 유지될 거라고 하고요. 즉, 지금은 지구와 태양 사이의 거리가 점차 짧아지는 시기인 거예요.

❸ 세차 운동

세 번째는 '세차 운동'이에요. 지구의 자전축은 약 2만 6천 년 주기로 팽이처럼 회전하는데, 이를 세차 운동이라고 불러요. 세차 운동의 결과, 지금은 북반구에서 자전축이 북극성을 가리키고 있지만, 앞으로 1만 3,500년이 지나면 자전축이 직녀성을 가리키도록 변한다고 해요. 그때가 되면 북반구와 남반구에 여름이 나타나는 시기가 반대가 돼요.

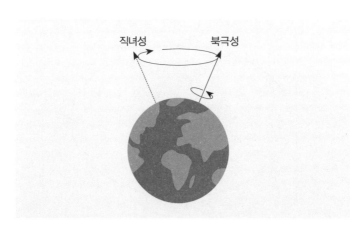

세차 운동

❹ 지구 자전축의 경사각 변화

네 번째는 '지구 자전축의 경사각 변화'예요. 지구 자전축의 기울기는 약 4만 천 년을 주기로 22.1~24.5도 사이에서 변하고 있어요. 지금 지구 자전축의 경사각은 23.5도로, 점점 작아지는 시기라 할 수 있어요. 지구에 계절이 생기는 원인은 경사각 때문이에요. 만약 자전축이 기울어져 있지 않다면 계절도 바뀌지 않아요. 경사각이 작아질수록 계절에 따른 기온 차도 줄어들어요.

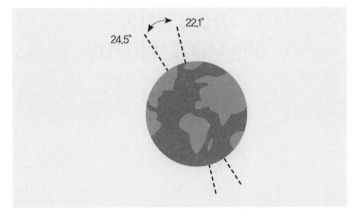

지구 자전축의 경사각 변화

기후가 변하면
어떤 문제가 생길까요?

13 기후 위기가 생물 다양성을 훼손시킨다고요?

'생물 다양성'은 생물학적 다양성의 줄임말로, 단순히 생물 종의 수가 얼마나 많은지를 뜻하는 말이 아니에요. 생물이 지닌 유전자의 다양성, 생물 종의 다양성, 생물이 서식하는 생태계의 다양성을 모두 종합한 개념이에요. 생물 다양성은 생태계가 얼마나 건강한지 평가하는 지표로 사용되고 있어요.

유엔환경계획(UNEP)에 의하면 지구에는 약 3,000만 종의 생물이 살고 있는 것으로 추정된다고 해요. 이 중에서 지금까지 존재가 확인된 것은 약 5.8%인 175만 종 정도예요. 국제 자연보존연맹(IUCN)에 의하면 생물 종의 74~84%가 열대 지역에 살고 있다고 해요. 이 중 약 50%는 열대 우림에 있고요.

열대 지역에 위치한 국가들은 대부분 개발 도상국이에요. 이들의 개발 행위는 생물 종에게 큰 위협을 주고 있어요. 전 세계 원시림 면적은 1990년대 이후로 8천만 헥타르나 줄었는데, 이 면적은 우리나라 국토의 8배에 이르는 크기예요. 산업화 이후 전 세계 원시림의 약 80%가 훼손되었고, 이 중 절반 정도는 식물이 살지 않는 사막 지역으로 변했어요.

생물 다양성의 파괴는 곧 생태계의 파괴

열대 우림은 지구 전체 육지 면적의 7%밖에 차지하지 않지만, 지구 생명체의 1/3 이상이 열대 우림을 기반으로 살아가요. 과거 열대 우림은 생물 다양성의 보고라고 불릴 만큼 많은 생물이 살았지만, 개발로 인한 산림 훼손과 환경 오염으로 생태계가 빠르게 무너지고 있어요.

해양 생물 다양성의 파괴도 심각한 수준이에요. 해양 생물의 다양성이 훼손된 데는 무분별한 개발과 해양 오염, 기후 위기를 주요 원인으로 꼽고 있어요. 바다 온도의 상승, 이산화탄소로 바다가 산성화되는 해양 산성화 문제도 심각한 수준이에요. 앞으로 20년 이내에 전 세계 해양에 살고 있는 산호초의 70~90%가 사라질 거라는 예측도 있어요.

육지에서도 동물과 식물들이 생존 조건을 빠르게 잃고 있어요. 아마존 열대림 역시 건조한 사바나 기후로 변할 가능성이 높다고 해요.

지구에 살고 있는 모든 생물은 서로 아주 긴밀하게 엮여 있어요. 이들은 생태계에서 각자 맡은 역할을 충실히 수행해 내고 있지요. 우리가 생물 다양성을 보존하지 않는다면 자연 생태계의 균형이 깨지고, 한 생물의 멸종이 또 다른 생물의 멸종을 낳는 도미노 효과를 불러일으킬 수 있어요.

생물 다양성을 구성하는 요소

생물 다양성은 생물이 지닌 유전자의 다양성, 생물 종의 다양성, 생물이 서식하는 생태계의 다양성을 종합해서 판단해요. 이 3가지를 생물 종 다양성을 구성하는 3대 요소라고 불러요.

유전 다양성(Genetic diversity)

어떤 생물학적 종의 개체군이 지닌 유전자의 종류, 종 내의 유전자 변이를 말해요. 한 개체군 안에 다양한 유전자가 있으면, 새롭고 우수한 자손을 다양하게 생산할 수 있어요. 또 생태계에 급격한 변화가 생겨도 생존할 가능성이 커져요. 반대로 유전자가 다양하지 못한 종은 환경 변화에 적응하지 못하고 멸종될 가능성이 커요.

생물 종의 다양성(Species diversity)

한 생태계에 존재하는 생물의 전체 종 수와 종이 얼마나 균등하게 퍼져 있는지를 평가하는 요소예요. 종의 다양성은 단순히 종의 수가 많다고 해서 높은 게 아니에요. 일정 지역에 다양한 종이 고르게 분포해야 종의 다양성이 높다고 말할 수 있어요.

생태계 다양성(Ecosystem diversity)

어떤 지역에 존재하는 생태계가 얼마나 다양한지를 판단하는 요소예요. 생태계의 종류에는 열대 우림, 초지, 습지, 갯벌, 산호초 지역, 사막, 삼림, 호수, 강, 바다, 농경지 등이 있어요. 생태계 다양성은 강수량, 기온, 토양과 같은 환경 요인과 서식하는 생물의 특성 및 상호 작용에 따라 평가해요. 생태계가 다양할수록 생물 종의 다양성도 높아져요. 갯벌처럼 해양 생태계와 육상 생태계가 공존하는 곳은 생태계 다양성이 높다고 할 수 있어요. 강물과 바닷물이 만나는 곳인 기수역에도 다양한 생물이 살아요.

14

1.5℃가
왜 중요한가요?

파리 협정은 국제 사회가 온실가스를 감축하도록 하는 지금의 국제법에 합의한 최초의 국제 협약이에요. 국제 사회는 파리 협정을 통해 산업화 이전과 비교해, 2100년까지 지구의 기온 상승을 1.5℃ 이내로 제한하는 것을 목표로 설정했어요. 산업화 이전의 온도란, 1850~1900년 사이의 지구 평균 온도를 말해요.

파리 협정이 체결된 2015년엔 온도 상승 억제 목표를 2℃로 설정했어요. 이후 2018년 우리나라 송도에서 열린 제48차 기후 변화에 관한 정부 간 협의체(IPCC) 총회에서 목표를 1.5℃로 수정했지요. 그런데 왜 하필이면 1.5℃일까요? 그건 1.5℃ 이상 온도가 올라가는 걸 막아야 기후 재해로부터 생태계와 인간의 삶을 지켜 낼 수 있다는 평가가 있었기 때문이에요.

1.5℃를 넘으면 어떤 일이 생길까?

지구의 온도가 1.5℃ 이상 올라가면 인간은 물론이고 다양한 생태계에 치명적인 위험이 닥치게 돼요. 그래서 1.5℃를 '방어선' 또는 '완충 지역'이라고 불러요. IPCC의 평가에 의하면, 지구의 온도가 2℃ 상승했을 때와 1.5℃ 상승했을 때 멸종되는 생물의 수가 대략 2배 정도 차이가 난다고 해요. 지구상에서 가장 많은 종을 차지하는 곤충의 경우, 2℃가 올랐을 땐 18%가 멸종하고, 1.5℃가 상승했을 땐 6%가 멸종해요. 식물의 경우를 살펴보면, 2℃ 상승했을 땐 16%가 멸종하고, 1.5℃ 상승하면 8%가 멸종해요. 가장 고등 생물인 척추동물 역시 2℃가 상승했을 땐 8%, 1.5℃ 상승했을 땐 4%가 멸종한다고 해요. 약 2배 정도의 차이죠.

지구 평균 온도 2℃와 1.5℃ 상승시 영향

구분	2℃	1.5℃
기온	중위도 폭염시 4.5℃ 상승 고위도 혹한시 6℃ 상승	중위도 폭염시 3℃ 상승 고위도 혹한시 4.5℃ 상승
해수면	03.~0.93m 상승	0.26~0.77m 상승
북극해 해빙	10년에 한 번 여름철 북극해 해빙 모두 녹음	100년에 한 번 여름철 북극해 해빙 모두 녹음
산호초	99% 소멸	70~90% 소멸
생물종 (10만 5,000종)	곤충 18%, 식물 16%, 척추동물 8% 멸종	곤충 6%, 식물 8%, 척추동물 4% 멸종

자료: 기후 변화에 관한 정부 간 협의체(IPCC)

1.5℃가 중요한 진짜 이유

지구 온도를 1.5℃ 이내로 제한해야 하는 가장 분명한 이유는 앞에서 설명한 식물의 기후 천이 문제가 가장 커요. 기온이 상승하면 식물은 고위도로 종자를 퍼뜨려서 서식지를 옮기는데, 이때 식물이 이동할 수 있는 거리는 고작 1년에 1km 정도예요. 이 조건을 만족하려면 21세기 말까지 지구의 온도를 1.5℃ 아래로 억제해야 해요.

기후 위기가
식량 위기를 부른다고요?

농업은 기온, 강수, 햇빛과 같은 기후 자원을 먹거리로 바꾸는 산업이에요. 그런데 최근 들어 세계 곳곳에서 가뭄, 홍수, 강풍과 같은 기후 재해가 더욱 자주 발생하고 있어요. 기후 위기로 기후 자원이 열악해지면서 농업도 위기에 봉착했어요.

2022년에는 인도, 아프리카, 호주, 미국, 프랑스 등 세계 주요 곡창 지대에 극심한 가뭄이 덮쳐서 전 세계가 곡물 가격의 폭등과 물량 부족으로 큰 고통을 겪었어요. 여기에는 러시아와 우크라이나의 전쟁도 큰 영향을 끼쳤어요. 2022년 기준 전년 대비 곡물 생산량은 무려 4천만 톤이나 줄었고, 세계 식량 가격 지수(주요 곡물의 평균적인 가격 수준을 나타내는 값)는 2022년에 12.6%나 상승해, 가장 높은 수치를 기록했어요. 유엔식량농업기구(FAO)는 기후 위기로 닥친 식량 위기가 그야말로 재앙 수준이라고 발표했어요.

예견된 식량 위기

기후 조건이 좋지 않아서 식량 생산에 큰 타격을 입는 일이

이제 거의 매년 되풀이되고 있어요. 식량 가격이 오르면 가장 먼저 피해를 입는 건 소득이 낮은 개발 도상국이에요. 하지만 앞으로 우리나라도 식량 확보에 어려움을 겪게 될 거라는 게 전문가들의 분석이에요.

우리나라의 곡물 자급률은 20%도 미치지 못해요. 즉, 국내 곡물 소비량 가운데 국산 곡물이 차지하는 비율이 20%도 안 된다는 말이에요.

전 세계에서 인구가 5천만 명이 넘으면서 곡물 자급률이 50%에도 미치지 못하는 나라는 우리나라와 일본뿐이에요. 우리나라는 기후 위기로 흉작이 국내에서 생기든, 해외에서 생기든, 무조건 식량 위기에 내몰릴 수밖에 없는 형편이에요.

기후 위기가 점점 심각해지고 있는 상황에서 식량 자급률을 높이는 일은 아주 중요한 문제예요. 식량이 없으면 인간은 살아갈 수 없을 테니까요.

16

홍수와 가뭄도
기후 위기의 징조인가요?

세계기상기구(WMO)는 2021년에 발간한 〈전 지구 기후 보고서 2021〉에서 '극한의 기후 재해가 이젠 매년 나타나는 상황'이라고 발표했어요. 과거에는 좀체 발생하지 않던 극심한 기후 재해가 이제는 너무도 자주 일어난다는 거예요. 세계기상기구가 말하는 기후 재해의 대표적인 사례가 바로 가뭄과 홍수예요.

일상이 된 가뭄과 홍수

기후 위기 문제가 없었던 과거에도 엄청난 피해를 준 기후 재해는 있었어요. 그렇지만 과거엔 수십 년에 한 번 꼴로 가끔씩 발생하던 기후 재해가 오늘날엔 거의 매년 발생하고 있어요. 아무리 큰 문제라 해도 드물게 일어나는 일이라면 서로 도우면서 극복할 수 있어요. 그런데 힘든 일이 너무 자주 일어난다면 회복할 힘도 잃어버리겠죠? 지금이 바로 그런 상황이에요.

2021년에는 서유럽과 호주에 엄청난 홍수가 발생했고, 2022년엔 파키스탄과 세계 여러 사막 지대가 홍수 피해를 입었어요. 우리나라도 서울의 강남에 큰 물난리가 났어요. 한편 유럽, 중국, 동부 아프리카, 인도 등 극심한 폭염과 가뭄이 발생한 지역도 있었어요.

이런 재해의 원인을 조사한 결과, 기후 변화의 영향으로 과거와 다른 대기 대순환 구조가 만들어졌기 때문이었어요. 세계 곳곳에서 발생하는 대형 홍수와 가뭄 현상은 기후 위기가 심각해졌다는 징조라고 볼 수 있어요.

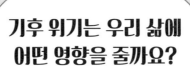

기후 위기는 우리 삶에
어떤 영향을 줄까요?

17

우울증을
앓기도 한다고요?

1972년, 스웨덴의 스톡홀름에서 개최된 유엔 인간 환경 회의(UNCHE)는 국제 협력을 통해 지구 환경 문제를 해결하기 위해 개최한 최초의 국제회의였어요. 이 회의를 스톡홀름 회의라고도 해요. 유네스코 국제 환경 교육 프로그램의 시작은 물론이고, 기후 위기 문제를 포함한 각종 지구 환경 문제를 다루는 다양한 조직의 뿌리가 된 회의예요. 2022년은 스톡홀름 회의가 개최된 지 50주년이 되는 해였어요. 이를 기념하는 다양한 국제 행사가 이어졌는데, 가장 대표적인 행사는 6월에 개최된 유엔 인간 환경 회의 50주년 기념식이었어요.

기후 위기가 우울증을 부른다

이 기념식에서 세계보건기구(WHO)는 기후 변화가 인간 건강에 미치는 여러 문제를 소개하고 대책을 발표했어요. 세계보건기구는 기후 위기가 점차 악화되고 있지만, 이 문제를 해결할 가능성은 좀체 보이지 않아서 많은 사람이 허탈해하고 있다고 지적했어요. 사람들이 심각해지는 기후 위기 문제를 마주하면서 미래에 대한 절망으로 슬픔, 두려움, 무력감을 강하게 느끼고 있다는 거예요. 이런 심리적 고통은 심혈관 질환이나 자가 면역 질환, 암과 같은 육체적 질병을 유발할 수 있다고 해요.

세계보건기구는 기후 위기 대응 대책으로 정신 건강 관리 체계를 구축하는 문제가 시급하다고 했어요. 2022년 11월에는 이집트의 해양 휴양 도시인 샤름 엘 셰이크에서 열렸던 제27차 기후 변화 당사국 총회(COP)에서 재차 정신 건강 관리 체계를 서둘러 마련해야 한다고 강조했어요.

오늘날 유럽을 중심으로 기후 위기 대응을 촉구하는 시민 운동은 평화로운 시위를 넘어 점점 과격한 성향을 띠고 있어요. 이는 기후 위기에 대응할 수 있는 시간이 얼마 남지 않았다는 사람들의 불안이 반영되었기 때문일 거예요.

읽을거리

기후 위기에 따른 정신 건강 위험 징후

2022년 세계보건기구는 정책 브리핑을 통해 기후 위기에 따른 정신 건강의 위험 징후를 4가지로 정리했어요.

스트레스 반응
- 기후 관련 위기가 촉발하는 정서적 고통
- 자연재해를 겪은 뒤의 불안, 트라우마

신체화 증상
- 면역 체계의 약화, 오염된 물과 공기로 인한 질환
- 만성 스트레스로 인한 불면, 피로
- 심혈관 질환, 자가 면역 질환, 암 발병 유발

우울하고 불안한 심리
- 급변하는 날씨에 따른 우울감과 자살률 상승
- 기후 변화를 막을 수 없다는 무력감과 공포
- 이전 세대에 대한 반감, 정부 불신 증가

관계 결속력 약화
- 재해로 인한 이주 및 생계 수단 상실
- 재해 이후 교육과 복지의 공백

자료 : 세계보건기구(WHO) 정책 브리핑 내용 중 일부

온실가스 배출에 책임이 큰 사람들은 부자들이에요. 소득 상위 10%의 부자들이 전 세계 온실가스 배출량의 50%를 차지하고 있거든요.

1인당 배출량의 경우, 상위 1% 부자들은 1년 동안 약 75톤을 배출하고 있는데, 하위 50%에 속하는 사람들은 약 0.5톤밖에 배출하지 않아요.

파리 협정의 목표인 1.5℃를 달성하기 위해서는 2019년 기준으로 2030년까지 온실가스 배출량의 55% 정도를 줄여야 해요. 이를 만족하려면 2030년까지 전 세계 사람들이 온실가스 배출량을 1인당 2.1톤 아래로 줄일 수 있어야 하고요. 하지만 유엔환경계획에 따르면 소득 50% 이하의 사람들은 이미 2030년 목표치보다도 온실가스를 훨씬 적게 배출하고 있다고 해요. 즉, 기후 위기의 책임은 대부분 부유한 나라와 부자들에게 있는 거예요. 하지만 정작 기후 위기로 발생하는 자연재해의 피해는 가난한 사람들에게 집중되고 있어서 큰 문제가 되고 있어요. 이러한 현상을 '기후 불평등'이라고 해요.

재해마저 불평등한 시대

부유한 나라들은 자연재해를 대비할 튼튼한 시설을 지을 수 있고, 보다 안전한 주택에서 살 수 있어요. 반면 가난한 나라 사람들은 기후 재해에 취약한 시설에서 살아가고 있지요. 그래서 같은 정도의 기후 재해에도 가난한 사람들이 훨씬 큰 피해를 입을 수밖에 없어요. 이렇듯 원인 제공자와 피해 당사자가 다르기 때문에 기후 위기가 불평등한 문제라고 하는 거예요.

기후 불평등 문제에 대처하기 위해 기후 변화 협약 당사국은 2011년에 개최된 제16차 총회에서 선진국이 개발 도상국의 기후 위기 대응을 지원하기 위한 녹색 기후 기금(GCF)을

조성하기로 했어요. 2020년까지 매년 1천억 달러씩 조성하기
로 했고, 2022년에 열린 제27차 총회에선 기금 조성 기간을
2025년까지 연장했어요. 거기에 더해 개발 도상국의 기후 재
해로 생긴 손실 피해를 보상하기 위한 새로운 기금도 조성하
기로 합의했어요. 하지만 선진국들이 실제로 조성한 기금은
애당초 합의한 것에 비해 턱없이 부족한 실정이에요.

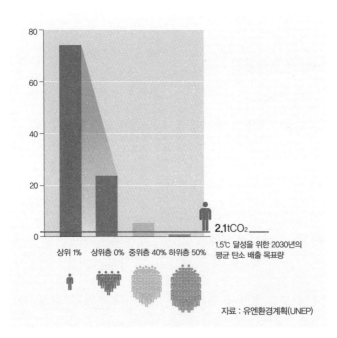

2015 소득 계층별 1인당 이산화탄소 배출량 (단위 : tCO2)

2.1tCO₂
1.5℃ 달성을 위한 2030년의
평균 탄소 배출 목표량

상위 1% 상위층 0% 중위층 40% 하위층 50%

자료 : 유엔환경계획(UNEP)

19   무서운 감염병이
창궐할 수도 있다고요?

코로나바이러스감염증-19와 같은 감염병은 원래 특정 기후 조건을 갖춘 한정된 지역의 풍토병으로 존재했어요. 풍토병이란 어떤 제한된 지역에서 발생하는 감염병을 말해요. 하지만 기후 변화로 유사한 기후 조건을 갖춘 지역이 생겨나자, 풍토병이 점점 다른 지역으로 확산되고 있어요.

기후 변화가 불러온 감염병

과거 말라리아는 아프리카에 위치한 열대 지역에서만 발생했어요. 말라리아는 말라리아 원충을 옮기는 모기에게 물리면 감염되는 질병이에요. 이 모기는 기온과 강수량 등 열대 기후 조건과 지리적 조건이 적합한 곳에서만 살았지만, 최근 기후 변화로 인해 모기의 서식지가 온대 지역으로 확장되고 있어요. 이는 감염병과 기후의 관련성을 보여 주는 좋은 사례예요. 이외에도 열대 지역에는 열대병이라고 불리는 다양한 질병이 존재하는데, 주로 고온 다습한 지역에서 발병해요. 계속 졸리고 잠이 오는 졸림병, 오한 및 두통과 식욕 부진 같은 증상이 나타나는 황열병, 두통이나 관절통 같은 증상이 특징

인 뎅기열 등이 이에 속해요. 말라리아는 이미 우리나라에서도 환자가 발생한 지 오래되었고, 황열병, 뎅기열 같은 감염병은 일본에까지 환자가 나타나고 있어요.

잠들었던 바이러스가 살아나다

아주 오랜 옛날, 따뜻한 환경에서 맹위를 떨쳤던 각종 바이러스는 빙하기가 찾아오면서 북극과 남극의 빙하와 함께 얼었을 것으로 추정돼요. 많은 전문가는 기후 변화로 기온이 상승하면 빙하 속에 잠들었던 바이러스가 대기로 방출되어, 다시 활동을 시작할 수 있다고 경고해요. 실제로 빙하가 녹아서 고대의 바이러스가 발견된 사례가 많아요.

최근 북극의 영구 동토층이 녹으면서 잠들었던 미지의 미생물이 발견되고 있는데, 이들 바이러스가 인간과 접촉하면 새로운 감염병이 유행할 수 있다는 점에서 크게 주목받고 있어요. 지구의 온도가 오를수록 북극의 설빙은 점점 더 빠르게 녹아내릴 거예요. 이대로 가다간 북극권은 고대 바이러스의 온상이 될지도 몰라요.

아직 발견되지 않은 바이러스

2020년 11월, 유엔 산하 기관인 생물다양성과학기구(생물다양성과 생태계 관리를 위한 과학적 시스템을 구축하기 위한 정부

간 협력체, IPBES)가 발표한 보고서에 따르면, 현재 지구상에 살고 있는 바이러스의 규모는 엄청나다고 해요. 포유류, 조류 등의 생물체 속에는 약 170만 개에 달하는 아직 발견되지 않은 바이러스가 살고 있을 것으로 추정돼요. 기후 변화로 야생 동물이 인간에게 퍼뜨릴 가능성이 있는 바이러스는 약 82만 7천 개에 달할 것으로 추정된다고 하고요.

2

국제 사회는
기후 위기에 어떻게
대처할까요?

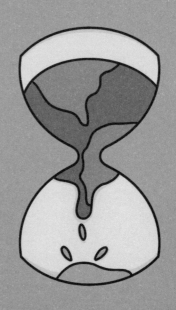

전 세계에선 무슨 일이
일어나고 있나요?

20

기후 난민이
나타났다고요?

극심한 폭염과 가뭄은 동시에 나타나요. 유럽에선 라인강이 바닥을 드러냈고, 원전 사용 비중이 높은 프랑스에선 강물이 말라서 냉각수 공급이 중단됐어요. 그 결과 2022년에는 원전 가동률이 50%에도 미치지 못했고, 부족한 전기를 독일의 도움으로 해결해야 했어요.

세계 밀 수출 2위 나라인 인도에서는 가뭄으로 밀 생산량이 급속도로 줄어서 결국 수출 중단 조치를 내렸어요. 동아프리카에서는 가뭄으로 식량 부족을 겪은 인구가 약 4천만 명에 육박했어요.

기후 위기로 삶의 터전을 잃어버린 사람들

비가 내리지 않자 기후 난민이 빠르게 증가했어요. 땅이 메말라 농사를 지을 수 없게 된 사람들이 식량을 찾아 떠돌아다니는 신세가 되어 버린 거예요. 기후 난민이 발생하는 나라는 내란 지역으로 변하는 사례가 많아요. 오늘날 내란이 일어난 나라 대부분이 기후 난민 문제를 겪고 있어요.

이렇게 가뭄이 심각한 지역에 인구가 많고 인구 증가율이 높다는 것도 문제예요. 가뭄과 인구 증가가 맞물리면 물을 제때 이용하지 못해 식량 부족을 겪거나 질병에 노출될 위험이 높아지거든요. 세계 인구는 여전히 1년에 1억 명 가까이 증가하고 있어요. 2050년이면 25억 명이 추가로 증가할 거라 하고요. 세계기상기구는 보고서를 통해 2050년이면 전 세계 인구 50억 명이 물 부족을 겪을 수 있다고 발표했어요.

끝나지 않는 호주 산불의 후폭풍

폭염과 가뭄으로 산불 피해가 매년 발생하고 있어요. 특히 규모가 큰 대형 산불은 이산화탄소와 매연을 포함한 다양한 대기 오염 물질을 방출해요.

호주에서는 2019년 9월부터 2020년 2월에 걸쳐 가뭄과 이상 고온 현상이 이어졌고, 그 영향으로 저절로 불이 붙는 자연 발화 산불이 발생했어요. 산불로 타 버린 숲의 면적은 한반도의 약 85%에 해당하는 1,860만 헥타르에 이르렀고, 불에 타 죽은 동물의 수는 12억 마리를 넘겼어요. 불타 버린 삼림 생태계가 복원되려면 적어도 수십 년 이상의 시간이 필요한데, 앞으로 더욱 심각해질 기후 재해 상황을 고려하면 호주 산불로 파괴된 생태계의 복원은 영원히 불가능할 거라는 진단도 나와요.

2023년 호주 모나시 대학교 연구팀은 여름마다 호주에서

발생하는 산불로 2030년까지 2천여 명 이상이 사망할 수 있다는 연구 결과를 발표했어요. 이로 인한 의료 비용은 1억 천만 달러(우리 돈으로 약 950억 원)에 달할 것으로 추정했고요. 연구팀은 반복되는 호주 산불을 막기 위해선 산림 지역에서 취사를 금지하고, 기후 변화를 막기 위해 모두가 노력해야 한다고 덧붙였어요.

시베리아에도 산불이 난다고?

1년 내내 얼어붙은 동토의 땅으로 알려진 시베리아 지역에서도 매년 3~5월 사이에 우리나라 여름철 기온을 뛰어넘는 고온으로 산불이 발생하고 있어요. 기후 위기로 발생한 대규모 산불은 숲에서 살아가는 다양한 생물 종들을 멸종으로 이끌고, 대기 중에 탄소 농도를 높여서 기후 위기를 앞당기는 역할을 해요.

21

기후 선거가
뭐예요?

2021년 7월, 이틀에 걸쳐 서유럽 지역에서 시간당 120~170mm에 달하는 폭우가 쏟아졌어요. 서유럽 지역은 시간당 20~30mm 정도의 비만 내려도 폭우라고 받아들여요. 독일의 쾰른에서 7월에 내리는 강수량 총량이 87mm 정도라고 해요. 홍수 피해의 중심지는 독일의 노르트라인-베스트팔렌 지역과 벨기에의 리에주였어요. 룩셈부르크와 네덜란드, 스위스도 큰 피해를 입었어요. 인명 피해는 독일과 벨기에가 가장 컸는데, 사망자가 200명이 넘었고, 실종자도 수백 명에 이르렀어요.

이 홍수 피해를 두고 뉴욕타임스 등의 언론에서는 다음과 같이 보도했어요.

> 그동안 지구 온난화 유발자는 산업화를 일찍 이룬 선진국들이었지만, 그 피해는 온실가스 배출의 책임이 적은 개발 도상국이 입었다. (중략) 그런데 서유럽의 홍수는 이런 통념이 무너져 내린 사건이었다. 이제 기후 위기로부터 안전한 곳은 지구상에 없다.

홍수가 일상이 된 유럽

2022년에도 세계 곳곳에서 극심한 홍수 피해가 이어졌어요. 2032년 하계 올림픽 개최 예정 도시인 호주의 브리즈번을 포함한 동북부 여러 지역에서 2월 말에서 3월 초로 이어지는 불과 며칠 사이, 무려 1년 동안 내릴 만큼의 비가 쏟아졌어요.

같은 해 7월에도 다시 대홍수가 발생했어요. 호주는 우리나라와는 반대로 7월이면 한겨울 날씨예요. 호주 최대 도시 시드니가 속한 뉴사우스웨일스주에서는 7월 2일부터 며칠간 비가 내렸고, 5만 명 이상의 이재민이 발생했어요. 시드니 남쪽 일라와라 지역에서 3일간 내린 총강수량은 700mm를 넘었다고 해요. 이는 호주의 대도시인 멜버른과 캔버라의 1년 강수량보다 많은 양인데, 이렇게 많은 비가 여름철이 아니라 겨울에 내렸다는 점에서 과거엔 볼 수 없던 현상이었어요. 시드니의 겨울 홍수는 이제 일상이 되었다는 평가까지 나오고 있어요.

정권 교체를 부른 홍수

독일에서는 큰 홍수가 난 후 치러진 총선에서 정권 교체가 이뤄졌어요. 기후 변화에 따른 재해 대책이 미흡하다는 여론이 들끓은 탓이에요. 호주에서 치러진 총선에서는 기후 위기 대응 대책이 선거 공약의 주요 쟁점으로 떠올랐어요. 총선 결과도 가장 적극적인 기후 대책 공약을 발표한 정당이 승리했어요. 그래서 세계 언론들은 유럽과 호주의 총선이 사실상 '기후 선거'였다고 보도했어요. 최근 선진국에서는 이렇듯 기후 위기 대응이 선거의 가장 중요한 공약이 되는 사례가 심심치 않게 등장하고 있어요.

22

사막에도 홍수가
발생한다고요?

2022년에는 심지어 사막 지역에도 폭우가 쏟아졌어요. 2022년 8월, 단 2일에 걸쳐 미국 텍사스주의 댈러스·포트워스 지역에 230mm의 폭우가 내려 도시가 침수되었어요. 여름에 비가 거의 오지 않고 불볕더위가 이어지는 텍사스에서 이런 비는 상상조차 어려운 일이었어요.

사막에 내린 기록적 폭우의 원인

이렇게 사막에 폭우가 내린 원인은 당연하게도 기후 변화였어요.

폭우가 내리기 전 대기 상황을 살펴볼까요? 북쪽의 찬 공기가 남쪽으로 내려가면서 따뜻한 공기와 만나 온대 저기압이 만들어졌고, 이때 한랭 전선이 텍사스 지역까지 길게 형성되었어요. 같은 시기에 반대편 카리브해에서 출발한 고온 다습한 공기가 북쪽으로 올라갔는데, 이 공기가 한랭 전선에서 찬 공기와 강하게 부딪혀 사막에 폭우가 내린 거예요.

여기서 주목할 점은 북쪽의 차가운 공기가 8월에 남쪽으로 내려왔다는 거예요. 원래는 제트 기류가 차가운 공기를 가두

기 때문에 이런 일은 생기지 않아요. 그런데 기온 상승으로 제
트 기류가 느슨해지면서 기록적인 폭우를 만들어 낸 거예요.

이보다 앞선 7월 초에는 미국의 데스 밸리 사막에서도 하루
동안 37mm의 비가 내렸어요. 데스 밸리는 '죽음의 계곡'이
라는 별명처럼, 지구상에서 가장 뜨겁고 건조하기로 손에 꼽
히는 곳이에요. 초고온으로 유명한 데스 밸리에서 그 정도의
비가 내릴 확률은 0.1%, 즉 천 년에 한 번 있을까 말까 한 일
이에요. 이처럼 기후 위기로 세계 곳곳의 사막 지대에 폭우가
내리는 일이 종종 일어나고 있어요.

국제 사회는 어떤
노력을 하고 있나요?

23

기후 변화 협약이 뭐예요?

'기후 변화 협약'이란 온실가스가 원인이 되어 발생한 기후 변화 문제에 대응하기 위해 체결된 국제 협약이에요. 다시 말해 인간 활동으로 발생하는 모든 온실가스의 배출량을 규제하기 위한 협약이지요. 정식 명칭은 '기후 변화에 관한 유엔 기본 협약(UNFCCC)'이에요.

최초의 기후 합의인 파리 협정이 체결되기까지 국제 사회는 기후 변화를 해결하고자 여러 협약을 맺었어요. 기후 변화 협약의 역사를 통해 기후 위기에 대응하는 국제기구의 노력을 알아봐요.

협약의 필요성이 대두되다

기후 변화 협약의 필요성은 1979년 과학자들이 지구 온난화를 방치하면 지구 환경에 심각한 영향을 끼칠 수 있다고 경고하면서 수면 위로 올라왔어요. 1987년, 이 문제를 다루기 위해 스위스 제네바에서 제1차 세계 기후 회의가 개최되었어요. 회의에 모인 세계 각국의 과학자들은 지구 온난화 문제를 본격적으로 다루는 것에 합의했어요. 이때 결성된 조직이

'IPCC', 즉 '기후 변화에 관한 정부 간 패널'이에요. 이 기구는 유엔환경계획과 세계기상기구가 1988년에 공동으로 창설했어요.

기후 변화 협약의 탄생

1988년 6월, 캐나다 토론토에서 주요 국가 대표들이 모여 지구 온난화에 대한 국제 협약을 체결할 것을 공식적으로 제안했어요. 이후 1990년 제네바에서 열린 제2차 세계 기후 회의에서 기후 변화 협약에 담을 기본적인 내용이 정해졌어요. 이렇게 만들어진 협약 내용은 1992년 브라질의 리우에서 개최된 유엔 환경 개발 회의(UNCED)에서 채택되었어요. 1994년, 마침내 기후 변화 협약이 국제법으로 발효될 수 있는 조건이 충족되었어요.

기후 변화 협약에는 총 195개 나라가 가입했어요. 협약에 가입한 각국의 정부 대표들은 매년 연말쯤 모여서 기후 변화에 대응하기 위한 의제들을 논의해요. 이 회의를 기후 변화 당사국 총회라고 해요. 제1차 회의는 1995년 독일의 베를린에서 개최되었어요.

교토 의정서에서 파리 협정까지

제3차 회의는 일본 교토에서 열렸어요. 이 회의에서 37개

나라는 온실가스 의무 감축 책임을 지고, 나머지 국가들은 성실 의무를 지는 방식에 합의했어요. 이 합의를 '교토 의정서'라고 해요. 교토 의정서는 2008년부터 2020년까지 온실가스 감축에 관한 국제법으로서 역할을 했어요.

하지만 교토 의정서는 일부 선진국만 감축 의무를 부담하는 한계가 있었어요. 교토 의정서의 한계를 극복하기 위해 2015년 제21차 회의에서 '파리 협정'이 채택되었어요. 파리 협정은 국제 사회가 공동으로 온실가스를 줄이자는 최초의 기후 합의이며, 국제법으로서 효력을 가지고 있어요.

24

탄소 중립이
뭔가요?

파리 협정이 발효된 2021년, 산업 혁명의 발상지인 영국의 글래스고에서 기후 변화 협약 당사국 총회가 개최되었어요. 이 회의에서 구테흐스 유엔 사무총장은 '지금은 기후 변화를 막기 위해 협상할 때가 아니라 2050년까지 탄소 중립을 위해 행동할 때'라고 강조했어요. 이를 계기로 우리나라를 포함한 세계 여러 나라에서 2050년까지 탄소 중립을 달성하겠다는 선언이 이어졌어요.

탄소를 0으로!

탄소 중립이 뭘까요? 쉽게 말해 대기 중의 탄소 농도가 더 이상 증가하지 않도록 만들자는 개념이에요.

대기와 지상, 육지와 바다는 끊임없이 탄소를 교환하고 있어요. 탄소는 화석 연료를 연소시키거나 땅속에서 박테리아가 유기물을 분해할 때 대기로 뿜어져 나와요. 동토의 땅이 녹을 때도 탄소가 배출되지요. 반면 비가 오거나 식물이 광합성을 할 때는 대기 중의 탄소가 땅으로 흡수돼요. 탄소가 대기로 배출되는 양만큼 다시 땅으로 흡수된다면, 탄소 농도 변화량은 0이 되겠죠? 다시 말해 탄소 중립은 대기 중 탄소 농도가 더 이상 증가되지 않을 만큼, 탄소 배출량을 줄이는 것을 의미해요.

탄소 중립을 달성하려면 자연환경을 보전하는 일도 중요해요. 자연이 건강해야 대기 중의 탄소를 더 잘 제거할 수 있거든요. 땅속과 바닷속에는 엄청난 양의 탄소가 저장되어 있어요. 즉, 자연이 파괴되면 저장된 탄소가 모두 대기로 방출될 위험이 있는 거예요. 특히 우리나라의 갯벌, 습지, 산지에는 엄청난 양의 탄소가 저장된 것으로 밝혀졌어요.

25

IPCC는
무슨 일을 하나요?

IPCC는 '기후 변화에 관한 정부 간 협의체'의 약칭으로, 지구 온난화의 위험과 사회 경제적 영향을 평가하는 유엔 기관이에요. 1988년에 세계기상기구와 유엔환경계획은 인간이 배출하는 온실가스가 지구 온난화를 유발하고, 이상 기후를 만들어 낼 위험성이 있다고 판단했어요. 이 문제를 과학적으로 평가하기 위해 두 기관이 공동으로 IPCC를 창설했어요. 그래서 IPCC 회원국과 세계기상기구, 유엔환경계획에 가입한 회원국이 같아요.

IPCC가 하는 일

IPCC는 자체적으로 연구를 하거나 기상 자료를 수집하는 일은 하지 않아요. IPCC는 회원국의 연구자들을 활용해, 세계 주요 과학 잡지에 발표된 논문과 여러 보고서를 정리해서 하나의 보고서로 만드는 작업을 해요. 보고서는 대체로 5년에 한 번씩 발행되는데, 1990년 1차 보고서를 시작으로 2023년 6차 보고서까지 출판되었어요.

IPCC는 기후 위기 대응 분야에서 가장 선봉에 서서 활동하는 기구라고 할 수 있어요. 노벨상 위원회는 2007년에 기후 위기 대응 활동에 공헌도가 높았던 엘 고어 미국 전 대통령과 IPCC를 노벨 평화상 공동 수상자로 선정했어요. 노벨상을 개인이 아닌 단체가 받은 건 처음 있는 일이었어요.

IPCC 보고서는 믿을 만할까?

IPCC가 발간하는 평가 보고서는 가맹국에서 파견한 대표들이 협의하고 합의한 내용을 토대로 작성돼요. 그래서 보고서에 담길 수 있는 내용은 이해관계가 다른 각국의 대표들이 동의할 수 있는 사항들로 제한될 수밖에 없어요. 그래서 IPCC는 설립 초기부터 과학 조직이 아니라 정치 조직 아니냐는 논쟁이 끊이지 않고 있어요.

IPCC가 발행하는 평가 보고서는 전체 요약으로 정리한 후, 정책 결정자들을 위한 요약본으로 주요한 결론을 다시 정리하는 방식을 취해요. 이렇게 요약된 〈정책 결정자용 특별 보고서〉는 국제 교섭의 장이나 전 세계 여론을 주도하는 데 큰 영향력을 가져요. 전체 요약본은 너무 방대해서 일반 대중이 읽기 힘들거든요.

특별 보고서를 만드는 작업 회의에는 외교관과 로비스트, 비정부 단체 등 여러 조직이 참석해요. 이들은 보고서에 담길 세세한 문구까지 어떻게 표현할 것인가를 두고서 치열하게 논의해요. 그 결과 보고서는 여러 정부 대표들 간에 타협의 산물로 마무리될 때가 많아요.

IPCC 보고서 작성에 참여하는 과학자들은 자신의 의견이 제대로 전달되고 있는지 의문이라며 비판의 목소리를 내고 있어요.

읽을거리

세계기상기구는 무슨 일을 할까?

어떤 나라에서 일기 예보를 하려면 그 나라의 기상 관측 자료뿐 아니라 세계 각지에서 관측된 기상 자료가 필요해요. 기상 현상을 일으키는 공기의 이동을 제대로 파악하기 위해선 넓은 영역에 걸친 대기 상태 정보가 있어야 하거든요. 그래서 여러 나라가 관측한 기상 자료를 한곳에 모아서 함께 사용해요. 관측 지점이 부족한 곳이 있다면 시설을 보완할 필요도 있고요. 때때로 국제 사회가 힘을 합쳐 연구하는 일도 필요하지요. 바로 이런 일들을 관리하고 실행하는 국제기구가 세계기상기구예요.

세계기상기구는 1950년 결성됐고, 그다음 해에 유엔 전문 기구가 되어 오늘날까지 이어져 오고 있어요. 본부는 스위스의 제네바에 있어요.

세계기상기구는 매년 그해에 발생한 극한의 이상 기후 현상을 정리해서 보고서로 발표해요. 보고서의 이름은 <전 지구 기후 현황 보고서>예요. 이 보고서는 대기 중 온실가스가 증가하는 상황을 정리해서 특이점을 알려 줘요. 보고서에는 우리가 주목해야 할 이상 기후 현상, 양극 지방에 있는 빙하의 변화, 해수면 상승 등에 대한 정보가 정리되어 있어요.

RE100이
왜 중요한가요?

RE100은 'Renewable Energy(재생 에너지) 100'의 약자예요. 화석 연료를 대체하는 태양열, 태양광, 바이오, 풍력, 수력, 지열 등이 재생 에너지에 속해요. 재생 에너지는 짧은 시간 안에 재생되기 때문에 고갈되지 않고, 사용 과정에서 탄소를 배출하지 않아요.

대세가 된 RE100 운동

RE100 운동은 2014년에 뉴욕 기후 주간을 맞아 세계의 기후 문제를 다루는 영국의 다국적 비영리 단체 '더 클라이밋'이 시작했어요. 이 캠페인은 기업이 사용하는 전력량의 100%를 2050년까지 재생 에너지 전력으로 충당하겠다는 목표를 설정하고, 기업들의 자발적인 동참을 호소했어요.

RE100의 창립 회원에는 스웨덴의 글로벌 가구 제조업체인 이케아 그룹을 포함한 13개 기업이 참여했어요. 오늘날엔 애플, 구글, BMW 등 전 세계 400여 개의 글로벌 기업이 RE100 운동에 참여하고 있어요. RE100은 자발적 참여의 형태로 운영되기 때문에 국제법의 구속력을 갖지는 않아요. 하지만

RE100에 가입한 글로벌 기업들은 자신과 거래하는 협력 업체에도 RE100 운동에 동참할 것을 요구해요. 이를 충족하지 못하면 거래를 끊기 때문에 기업체의 입장에선 파리 협정에 못지않은 압박을 받는 거예요.

2018년, 독일의 자동차 제조업체인 BMW가 우리나라 화학 제조 기업인 LG화학에 부품 납품을 조건으로 RE100에 가입할 것을 요구했던 일이 있어요. 우리나라는 재생 에너지 생산이 부족해서 이 조건을 만족시킬 수 없었고, 결국 계약은 무산되고 말았어요. 우리나라는 산업 구조상 전력 사용량이 막

대한 제조업의 비중이 크지만, 그동안 재생 에너지 생산을 등한시해 왔어요. 재생 에너지 산업이 상대적으로 부진한 우리나라로선 앞으로 국제적인 경제 활동이 어려울지도 모른다는 분석도 나오고 있어요.

우리나라에선 2020년 초반까지도 RE100에 참여한 기업이 없었어요. 하지만 RE100 운동이 확산되면서 불과 몇 년 사이에 RE100에 참여한 기업 수가 전 세계에서 가장 많은 나라 중 하나가 되었어요. 이제 우리에게 남은 숙제는 기업이 사용해야 할 재생 에너지를 빠르게 확보하는 문제예요.

유엔환경계획은 무슨 일을 할까?

유엔환경계획은 1972년 스톡홀름에서 열렸던 유엔 인간 환경 회의에서 합의한 내용을 실천하기 위해 만들어진 유엔 산하 기구예요. 지구 환경의 실상을 종합적으로 파악하고, 지구 환경과 관련된 국제기구나 국가에 경비와 기술 인력을 지원해, 지구 환경 보전 활동을 돕는 것이 주요 목적이에요. 유엔환경계획은 지구 환경 문제를 다루는 최고의 국제기구라고 할 수 있어요.

지금까지 유엔환경계획은 국제 협력의 방식으로 수많은 성과를 이루었어요. 기후 위기 문제를 전문으로 다루는 IPCC 창립도 유엔환경계획이 주도했어요.

기후 위기의 답안지, 간극 보고서

유엔환경계획은 기후 위기 문제를 해결하기 위해 여러 노력을 기울이고 있어요. 그중 하나가 온실가스 감축량과 실제 감축량의 차이를 파악하고, 차이가 계속해서 벌어질 경우에 어떤 문제가 발생하는지 평가하는 보고서를 작성하는 일이에요. 그 보고서가 <간극 보고서>예요. 2010년부터 매년 발간하고 있는데, 2022년에 출판한 보고서의 제목은 '닫혀 가는 창문'이었어요. 여러 나라가 실제로 달성한 온실가스 감축량이 목표치에 훨씬 못 미쳤고, 이제 온실가스를 줄이는 걸로는 우리가 목표로 한 지구 온도 상승 폭을 지킬 가능성이 사라지고 있다는 뜻에서 지어진 제목이에요.

지난 10년 동안 배출량 간극은 점점 더 벌어졌고, 2030년까지 달성해야 할 목표를 이루려면 온실가스 배출량을 매년 7.6%나 줄여야 해요. 이 양은 웬만해서는 지키기 어려울 거라고 해요.

왜 재생 에너지가
대안일까요?

에너지원별로 1,000kWh의 전력을 생산하는 데 필요한 비용을 조사한 자료에 의하면, 2019년도 기준 연안 풍력, 태양광 발전, 석탄 발전, 원자력 발전 순으로 비용이 저렴했다고 해요. 이제 풍력과 태양광 발전이 세상에서 가장 저렴한 에너지가 된 거예요.

에너지원별 1000kWh 전력 생산 비용 (단위 : $)

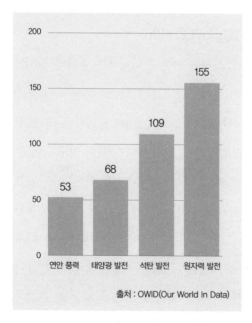

출처 : OWID(Our World In Data)

우리나라는 OECD 회원국 중에서 재생 에너지 생산 비중이 가장 낮은 나라예요. 게다가 재생 에너지 생산 시설이 증가하는 비율도 낮아요. 우리와는 달리 2001~2021년 사이 전세계의 재생 에너지 생산 시설은 5년마다 2배 이상씩 빠르게 증가해 왔어요. 앞으로 5년 안에 지난 20년 동안 설립된 것만큼 생산 시설이 증가할 거라고 해요. 2026년이 되면 재생 에너지가 천연가스 발전의 전력량을 뛰어넘고, 2027년에는 석탄 발전의 전력량을 넘을 거라고 전망하고 있어요. 그러면 재생 에너지가 전력을 가장 많이 생산하는 에너지원이 되는 거예요.

원자력은 왜 재생 에너지가 아닐까?

기후 위기 대응을 주도하고 있는 유럽에서는 원자력 발전이 친환경 에너지가 되기 위해서는 2가지 조건을 만족해야 한다고 주장해요. 첫 번째는 2025년까지 기존 원전과 신규 원전에 비상 상황에서도 안정성을 유지할 수 있는 '사고 저항성 핵연료(ATF)'를 적용해야 한다는 조건이에요. 그런데 이 연료는 2030년 출시를 목표로 개발 단계에 있어서 아직 사용할 수 없어요. 두 번째 조건은 원자력 발전소에 방사능이 매우 강한 고준위 폐기물을 처분할 수 있는 시설을 갖춰야 한다는 거예요. 이를 위해서는 안전한 지반을 찾아야 하는데, 조건을 갖춘 지반을 찾아낸 나라는 아직 없어요.

원전은 위험하고 발전 단가도 비싼 데다가 재생 에너지로 분류되지도 않아요. 원전의 원료인 우라늄은 재생되는 자원이 아니에요. 아무리 탄소 배출량이 화석 연료보다 낮다고 해도 원전을 미래 에너지의 대안으로 볼 수는 없어요.

우리나라의 대표적인 기업들도 대부분 참여하고 있는 RE100의 요구 조건 역시 재생 에너지를 사용하는 거예요. 이 조건을 충족시키기 위해서라도 우리는 에너지 전환을 이뤄 가야 해요.

1.5℃ 시나리오를
지킬 수 있을까요?

28

온실가스를 얼마나
줄여야 할까요?

지구 온도 상승 1.5℃ 시나리오가 실현되려면 우리는 온실가스를 얼마나 빨리, 얼마나 많이 줄여야 할까요? 2022년에 나온 〈2022 기후 과학 합동 보고서〉를 보면 답을 알 수 있어요. 이 보고서는 세계기상기구, 유엔환경계획, 기후 변화에 관한 정부 간 협의체, 유엔 재난 위험 경감 사무국, 지구 탄소 프로젝트, 영국 기상청이 공동으로 기후 변화와 관련된 최신 과학 자료와 관측 결과들을 종합해 만들었어요. 합동 보고서는 2019년부터 매년 발간해 오고 있어요.

인류에게 남은 시간은 없다

〈2022 기후 과학 합동 보고서〉는 인류의 기후 위기 대응이 잘못된 방향으로 흘러가고 있음을 기후 과학이 명백히 보여 준다고 경고해요. 코로나19로 온실가스 배출량이 줄었던 시기도 있지만, 대기 중 온실가스 농도는 오히려 지속적으로 증가했어요. 2018~2022년 동안 지구 온도는 산업화 이전에 비해 평균 1.17℃ 정도나 높아졌어요.

이 보고서는 지구 평균 온도를 2℃ 이내로 제한하려면 최근 기후 변화 협약 당사국들이 제출한 탄소 배출 감축 목표량보다 4배, 1.5℃ 이내로 제한하려면 7배 더 강화된 감축 목표가 필요하다는 결론을 냈어요. 우리가 그동안 온실가스를 줄이려는 노력을 너무 게을리한 거예요. 이제 인류가 기후 위기에 대응할 수 있는 시간은 얼마 남지 않았어요.

〈2022 기후 과학 합동 보고서〉의 핵심 내용

- 2015~2019년은 역대 가장 높은 온도를 기록
- 지속적으로 증가하는 대기 중 온실가스 농도
- 2022년 기후 변화가 폭염 및 홍수 피해를 더 악화시킴
- 도시는 온실가스 배출의 주요 원인인 동시에 기후 변화 영향에 취약한 부문
- 기후 위기가 심화됨에 따라 기후 시스템의 임계점 도달 가능성 배제 불가
- 2022~2026년 사이 관측 사상 가장 더운 해가 올 확률 93%
- 파리 협정 1.5℃ 달성을 위해서는 7배 더 강화된 감축 목표 필요
- 2022년 초의 이산화탄소 배출량은 코로나19 유행 이전인 2019년 초보다 높은 수치

29

파리 협정으로 온실가스를 충분히 줄일 수 있을까요?

2015년에 체결된 파리 협정에서 기후 변화 협약 당사국 대표들은 21세기까지 지구 평균 온도가 산업화 이전과 비교해 2℃ 이상 올라가지 않도록 목표를 설정하고, 온실가스 배출량을 줄이기로 합의했어요. 이를 '2℃ 시나리오'라고 불러요. 이 목표는 2018년 인천 송도에서 개최된 제48차 기후 변화에 관한 정부 간 협의체 총회를 거치면서 1.5℃로 더욱 강화되었어요.

이를 달성하기 위해 각국이 부담해야 할 온실가스 감축량은 자발적 감축이 원칙이에요. 이처럼 각국이 스스로 결정한 감축 목표를 '국가 결정 기여(NDC)'라고 해요. 이 협정이 체결된 2015년부터 2030년까지, 각국은 5년마다 자발적으로 작성한 NDC를 기후 변화 당사국에 제출해서 승인을 받아야 해요. 하지만 자발적으로 설정한 목표이기에, 이들이 두 번째로 제출한 NDC 역시 1.5℃ 시나리오를 만족하기에는 턱없이 부족한 상황이에요.

목표를 달성하면 기후 위기가 해결될까?

유엔 기후 변화 협약 사무국은 2022년 11월에 이집트에서 개최된 유엔 기후 변화 협약 당사국 총회에 앞서 각 국가들이 제출한 2030년 NDC에 대한 종합 보고서를 발표했어요. 그때까지 195개 회원국 중에서 193개 나라가 NDC를 제출했는데, 제출한 목표대로 온실가스를 줄인다면 21세기 말까지 지구 평균 온도는 2.5℃나 상승할 거라 전망돼요.

NDC가 완전히 실현된다고 해도 2025년의 온실가스 배출량은 2010년 대비 12.6% 증가한 518~550억 톤에 이르고, 2030년에는 10.6% 증가한 419~557억 톤이 된다고 해요. 탄소 예산은 2030년 이내에 소진될 가능성이 크고요. 탄소 예산이란 지구 기온 상승을 1.5℃ 이내로 붙잡아 두기 위해 우리에게 허용된 온실가스 배출량을 말해요. 다시 말해 파리 협정은 국제 사회가 목표로 하는 만큼의 온실가스를 줄이는 데 턱없이 부족한 합의예요.

30

정의로운 전환이 뭔가요?

정의로운 전환이란 에너지 전환을 이루고 산업 구조를 바꾸는 과정에서 일자리를 잃는 노동자, 지역 소상공인들의 피해를 사회가 함께 나눠 부담하자는 개념이에요. 탄소 배출량을 줄이면 탈탄소 산업은 일자리가 많아지겠지만, 철광소나 석유 화학 산업처럼 탄소를 많이 배출하는 산업의 노동자들은 일자리를 잃을 수 있어요. 그럼 지역의 경제에도 악영향을 미칠 거예요.

정의로운 전환이 필요한 이유

탈탄소 사회로 전환하는 과정에서 없어지거나 대체되는 일자리를 방치한다면 노동자들의 삶은 파괴되고 말아요. 이를 막기 위해선 교육 훈련, 일자리 대책, 지역 경제 활성화 방안 등 적극적인 대책이 있어야 해요. 새로운 일자리를 만들고, 그것으로 부족하다면 생활비 지원 등 직접적인 지원 대책도 마련해야 해요.

유럽 연합은 정의로운 전환 정책을 적극적으로 추진하고 있어요. 화석 연료와 탄소 집약적 산업에 의존도가 높은 지역을

보호하기 위해 유럽 연합은 2030년까지 1천억 유로(우리 돈으로 약 140조 원)를 석탄 산업 중심 지역에 지원할 계획이에요. 기후 변화 당사국 총회도 2023년 열리는 제28차 총회부터 정의로운 전환을 두고 원탁회의를 개최하기로 했어요. 바야흐로 정의로운 전환이 국제 사회의 중심 과제로 자리 잡은 거예요.

국제노동기구는 무슨 일을 할까?

국제노동기구(ILO)는 유엔이 만들어지기 전부터 있었던 국제기구예요. 국제노동기구는 1946년에 유엔에 편입되었는데, 특별 기구로서는 가장 먼저였어요. 그래서 유엔 산하 국제기구 중 가장 역사가 오래되었어요.

국제노동기구는 각국의 노동 입법 수준을 향상시켜, 노동자들의 노동 조건과 생활 수준을 보장하고 개선하는 것을 목표로 삼고 있어요. 노조의 권리와 인권을 보장하고, 각국 정부가 사회 경제 정책을 결정할 때 노동자를 배려하도록 돕는 역할도 해요. 이 밖에도 전 세계의 정부, 노동자, 기업 대표와 지속적으로 의견을 나누며 노동자들의 권익이 손상되지 않도록 감시하는 활동도 하고 있어요.

정의로운 전환을 위한 노력

국제노동기구는 기후 위기에 대응하는 과정에서 발생하는 산업 구조 개편에서 노동자들이 소외되지 않도록 하는 일에 많은 노력을 기울이고 있어요. 소위 말하는 정의로운 전환의 문제예요.

국제노동기구는 2015년에 정의로운 전환에 대한 지침을 마련하고, 2018년도에는 정의로운 전환을 위한 가이드라인도 만들었어요.

선진국에선 정의로운 전환을 위해 대규모의 기금을 조성하고 다양한 대책을 수립해 실행하고 있어요. 기후변화 협약 당사국 총회도 2023년에 열리는 회의부터 정의로운 전환을 중요한 의제로 다루기로 했어요.

31

도시에서도 에너지 전환을 이룰 수 있을까요?

좁은 지역에 많은 사람이 모여 사는 공간을 도시라고 해요. 도시가 발달한 이유는 산업화가 시작되면서 많은 노동자가 필요해졌기 때문이에요. 전 세계에서 도시가 차지하는 면적은 지구 전체 면적의 2%에 불과해요. 그럼에도 에너지 사용의 75%, 온실가스 배출량의 약 80%가 도시의 몫이에요. 우리나라는 전체 인구의 93%가 도시에 살고 있어요.

도시에는 에너지를 많이 사용하고 탄소 배출도 많은 건축, 교통, 공공 상업 시설과 가정 산업 시설이 밀집되어 있어요. 이들 각 부문에서 에너지의 효율을 높이고 재생 에너지 생산 시설을 늘린다면, 도시도 탄소를 배출하지 않는 공간으로 재탄생할 수 있어요.

탄소 중립 도시가 가능할까?

해외 몇몇 도시에선 탄소 중립 도시를 이루기 위해 담대한 목표를 세워서 세밀하고 구체적인 계획을 실천하고 있어요. 독일의 뮌헨은 도시 창설 900주년이 되는 2058년까지 탄소 중립 도시를 만들겠다고 발표했어요. 미국의 샌프란시스코도 건물, 교통 분야에서 에너지 사용을 혁신적으로 줄이고, 재생 에너지 생산을 크게 늘려서 2050년까지 탄소 배출 제로 도시로 탈바꿈하겠다는 비전을 제시했어요. 덴마크의 코펜하겐은 이미 2020년 기준으로 전력 소비량의 53.8%를 도시 안에서 생산하는 재생 에너지로 충당하고 있다고 해요.

코펜하겐의 아마게르 수변 공원 앞 해수욕장 주변에는 '미들 그룬덴'이라고 하는 대규모 풍력 발전소 단지가 있어요. 풍력 발전소와 해수욕장은 불과 2km밖에 떨어지지 않았어요. 이 발전소는 놀랍게도 시민들의 주도로 만들어졌어요. 환경 단체인 코펜하겐 환경 에너지 협회(CEEO)가 주도해 미들 그룬

코펜하겐의 '미들 그룬덴'

덴 협동조합을 만들었고, 1천여 명의 시민이 조합원으로 참여했어요.

재생 에너지 생산은 대기업보다 마을 주민들이 이끄는 게 바람직해요. 재생 에너지 생산으로 생긴 수익이 주민들의 소득 증대와 지역 경제의 활성화로 이어져야 사업이 계속 확장될 수 있거든요. 기업과 주민들이 함께 협력해서 재생 에너지를 생산하는 방법도 있어요.

서울은 에너지 자립도가 3%에 불과해요. 우리나라의 다른 대도시들도 비슷한 상황이에요. 이들은 대부분 멀리 떨어진 석탄 발전소나 원전에서 생산된 전기를 고압 전선으로 가져와서 소비해요. 이런 소비 형태는 앞서 말한 에너지 선진 도시들과는 다른 모습이에요.

자연의 탄소 흡수를
지킬 수 있을까요?

32

열대 우림을 지켜 낼 방법이 있을까요?

유엔식량농업기구(FAO)가 2020년에 발표한 자료에 의하면 2010년부터 2018년까지 전 세계에서 파괴된 산림은 780만 헥타르에 이르렀다고 해요. 전 세계 산림 파괴 원인 중 절반 이상이 농경지 확대 때문이었어요. 가축을 사육하기 위한 목초지 개간 역시 38.5%를 차지했어요. 팜유 농장을 조성할 목적으로 파괴된 산림은 전 세계 산림의 7%였어요.

산림이 가장 많이 훼손된 지역은 남아메리카와 아프리카 지역이었어요. 그중에서도 열대 우림은 훼손 정도가 가장 심각했어요. 2000년에서 2019년까지, 지난 10년간 파괴된 전 세계 산림의 90% 이상이 열대 우림이라고 해요. 파괴된 열대 우림은 1억 5,700만 헥타르에 이르렀는데, 이는 서유럽 지역 전체의 면적과 비슷해요.

지구의 허파 열대 우림

열대 우림은 왕성한 광합성 작용을 통해 대기 중의 이산화탄소를 흡수할 뿐 아니라 산소를 배출하고 있어서 지구의 허파라고 불렸어요. 하지만 열대 우림도 아프리카에 있는 콩고의 열대 우림을 제외하곤 탄소 흡수량보다 배출량이 더 많다고 해요. 특히 3개 대륙, 75개 나라에 걸친 열대 우림에는 약 2,500억 톤의 탄소가 저장된 것으로 추정되고 있어요. 이 양은 인간 활동으로 매년 배출되는 탄소량의 약 3배에 달하는 양이에요. 열대 우림이 훼손되면 그곳에 저장되어 있던 탄소가 대기로 빠져나갈 수 있어요.

열대 우림을 지켜라

국제 사회는 열대 우림을 보호하기 위해 여러 노력을 기울이고 있어요. 2022년 개최된 기후 변화 당사국 회의에서 전 세계 열대 우림의 대부분을 보유하고 있는 브라질, 인도네시아, 콩고 민주 공화국이 '숲 보호 공동 협약'을 맺었어요. 세 나라가 협력해서 산림 벌채를 줄이고 숲을 보호하기로 약속한 거예요. 대신 세 나라는 몇몇 다른 국가에 적절한 대가를 지급해 달라고 요구했어요. 열대 우림을 파괴하지 않고 보전함으로써 얻는 혜택은 전 세계가 함께 누릴 수 있으니, 그에 맞는 합당한 보상을 요구한 거예요.

33 영구 동토층이 녹으면 큰일이라고요?

1년 내내 녹지 않고 얼어 있는 땅을 영구 동토층이라고 해요. 양극 지방엔 엄청난 넓이의 영구 동토층이 존재하는데, 여기에는 아주 많은 양의 탄소가 저장되어 있어요. 북극권에만 약 1조 6천억 톤의 탄소가 저장되어 있다고 해요. 이 탄소는 대부분 메탄으로, 같은 양의 이산화탄소보다 20배 이상 강력한 온실 효과를 발휘할 수 있어요. 1년 동안 인간 활동으로 배출되는 탄소의 총량이 100억 톤 정도인 걸 생각하면, 영구 동토층에 저장된 탄소의 양이 얼마나 많은지 짐작할 수 있겠죠?

녹아내리는 동토의 땅

최근 러시아에는 영구 동토층이 녹아내려 메탄가스가 대량으로 유출되는 사고가 자주 발생해요. 땅이 가라앉는 지반 침하가 발생해 유류 저장고가 파열되는 일도 있었어요. 봄철에는 러시아 연방 북부 시베리아에 있는 사하 공화국 부근에 이상 고온 현상이 나타나서 대규모 산불도 빈번하게 발생한다고 해요. 산불이 영구 동토층을 녹이면 땅에 저장되어 있던 메탄이 방출되고, 산불은 더욱 확대돼요.

시베리아 산불로 생기는 연기가 북극권 전체로 퍼져 나가면 매연이 빙하 위로 떨어져요. 매연으로 덮인 빙하는 태양 빛을 반사하지 못해 태양 에너지를 더 많이 흡수하지요. 그럼 북극권의 온도 또한 올라가겠죠? 이렇게 동토의 땅이 계속해서 녹아내리는 악순환의 고리가 만들어지는 거예요.

온실가스를 빨리 줄이지 못하면 머지 않아 영구 동토층이 녹아내려 자연 스스로 온실가스를 배출하게 될지도 몰라요. 우리가 기후 위기로부터 지구 환경을 지켜 낼 수 있는 시간은 지금도 빠르게 줄어들고 있어요.

34

탄소 농업이란 토양의 탄소 저장 능력을 극대화하고, 배출을 최소화하는 방식으로 농사를 짓는 방식을 말해요. 탄소 농업을 하면 탄소 배출량을 줄일 수 있을 뿐 아니라, 화학 비료의 사용을 줄여서 토지도 건강하게 관리할 수 있어요.

화학 비료를 사용하면 아산화질소가 발생하는데, 이는 이산화탄소보다 훨씬 강력한 온실 효과를 유발해요. 게다가 화학 비료에 오랜 기간 노출된 토양은 산성화되기 때문에 농사를 짓기에 부적합한 땅으로 변해요.

기후 위기의 열쇠인 흙

농사를 짓는 땅인 농토는 거대한 탄소 저장소 역할을 하고 있어요. 가을이 되어 추수한 농작물이나 남겨진 식물의 줄기, 여러 잎사귀들에는 식물의 광합성 작용으로 발생한 탄소가 저장되어 있어요. 농작물을 수확한 후 남겨진 것들을 태우면 식물이 1년 동안 흡수한 이산화탄소를 그대로 다시 배출해 버리는 꼴이 돼요.

도시에서는 가을이 되면 환경미화원이 가로수에서 떨어진

낙엽을 수거하는 모습을 볼 수 있어요. 이렇게 수거된 낙엽들을 쓰레기 소각장으로 가져가서 태워 버려요. 이런 경우 역시 1년 동안 가로수가 흡수한 이산화탄소가 대부분 그대로 방출되고 말아요.

농작물이나 동식물의 잔재물을 퇴비로 만들어서 사용하면 탄소를 오랜 기간 땅에 저장할 수 있어요. 동식물의 사체와 분뇨는 탄소 덩어리거든요. 흙 속으로 들어간 퇴비는 다양한 미생물을 키워 내서 토양을 비옥하게 만들어요.

화학 비료가 땅을 오염시킨다

　오늘날 우리는 원시림의 나무를 베어서 농경지를 만든 후, 땅을 갈아엎고 화학 비료를 뿌려서 농사를 지어요. 이 방법으로 인류는 손쉽게 농업 생산량을 늘릴 수 있었어요. 인구 역시 폭발적으로 증가했지요. 그런데 땅을 갈아엎는 과정에서 흙 속에 유기물로 저장되어 있던 탄소가 빠르게 분해되어 대기로 배출된다는 사실이 밝혀졌어요. 유기물이 사라진 토양은 황폐해지고 농사를 짓기 어려워져서 더 많은 화학 비료를 사용할 수밖에 없어요. 질소 성분의 화학 비료는 식물의 성장을 돕지만, 강력한 온실가스인 아산화질소를 발생시켜요.

　우리나라는 2019년을 기준으로 연간 약 2천 백만 톤의 탄소를 농업 부문에서 배출하고 있어요. 이 양은 1년 동안 우리나라 산지에 있는 나무들이 흡수하는 탄소의 양보다 조금 적어요. 앞으로 농업 부문에서 배출되는 탄소를 줄이려면 화학 비료를 줄이고, 땅을 갈아엎지 않는 탄소 농업을 확대해야 해요.

35

땅과 바다가
탄소를 배출한다고요?

지표와 대기는 끊임없이 탄소를 주고받고 있어요. 이 관계를 지구의 '탄소 수지'라고 불러요. 지표와 대기의 탄소 흡수와 배출 관계를 간단히 살펴볼까요?

탄소의 저장고 자연

지표에서 1년 동안 대기로 배출되는 탄소량은 210Gt_C나 돼요. 'Gt_C'는 다양한 종류의 온실가스가 나타내는 온실 효과를 이산화탄소량으로 환산한 후, 산소 분자가 차지하는 질량을 제외하고 나머지 탄소의 질량을 10억 톤(1Gt)단위로 나타낸 거예요.

1년 동안 인간 활동으로 배출되는 탄소량은 9Gt_C 정도예요. 즉, 1년 동안 인간이 배출하는 탄소량은 지표에서 대기로 배출되는 전체 배출량의 약 4%에 불과해요.

자연에서 배출되는 탄소량은 210Gt_C로 이보다 훨씬 많지만, 자연은 215Gt_C를 다시 흡수해요. 그러니까 배출한 양보다 흡수하는 양이 더 많은 거예요. 하지만 인간은 배출만 하고 탄소를 흡수하지는 않아요. 인간이 배출한 9Gt_C 중에서 5Gt_

C는 자연에 흡수되지만, 남은 4 Gt_C는 대기에 쌓여요.

그런데 지구 온도 상승과 자연 훼손으로 숲의 면적이 줄고, 광합성 효율이 떨어지면서 열대 우림의 탄소 흡수량 또한 빠르게 감소하고 있어요. 지구 최대 규모의 아마존 열대 우림도 이제는 탄소를 흡수하는 양보다 배출하는 양이 더 많아졌다고 해요. 그 결과, 대기 중의 이산화탄소 농도는 매년 약 2.5ppm 안팎으로 증가하고 있어요.

현재 대기에는 탄소가 800Gt_C 정도 존재해요. 대기를 제외한 육지와 해양에는 그보다 훨씬 많은 탄소가 저장되어 있어요. 삼림에는 550Gt_C, 토양에 2,300Gt_C의 탄소가 저장되어 있고, 화석에는 10,000Gt_C나 되는 탄소가 저장되어 있어요.

지금은 바다와 육지가 탄소를 제거해 주는 양이 더 많지만, 삼림과 해양에서 탄소 배출량이 조금이라도 증가하거나 흡수하는 량이 감소한다면, 대기의 탄소 농도는 걷잡을 수 없이 높아질 거예요.

생물 다양성을 지키는
협약이 있다고요?

36 생물 다양성 협약이
            뭔가요?

생물 다양성 협약이란 지구상에 존재하는 생물 종의 다양성을 보존하기 위해 체결된 국제 협약이에요. 이 협약은 1992년에 브라질의 리우에서 개최되었던 유엔 환경 개발 회의에서 기후 변화 협약과 함께 채택되었어요. 생물 다양성 협약이 국제법의 효력을 갖게 된 것은 기후 변화 협약보다 1년이 빠른 1993년이었어요. 기후 변화 협약에 서명한 나라는 195개 나라였는데, 생물 다양성 협약에는 158개 나라가 서명했어요. 우리나라는 1994년 10월에 154번째로 가입했어요.

생물 다양성 협약은 왜 생겼을까?

1980년 중반에 들어서자 열대 우림을 보유한 개발 도상국에서 경제 개발을 이유로 산림을 훼손하는 일이 많아졌어요. 그러자 열대 우림에 살고 있던 생물 종이 빠르게 멸종하기 시작했어요. 이를 우려하는 여론이 커지자 생물 다양성의 보전과 자원의 지속 가능한 이용을 위한 기초 협약을 만들자는 제안이 나왔어요. 이에 지구 환경 보호를 담당하는 유엔환경계획이 1987년 6월에 생물 다양성 보전을 위한 국제적인 행

127

동을 계획했어요. 유엔환경계획은 7차례에 걸친 정부 간 협상 회의를 통해 최종 협약안을 만들었어요. 그렇게 생물 다양성 협약이 탄생한 거예요.

유엔환경계획에 따르면 현재 지구상에는 약 3,000만 종의 생물 종이 존재하는 것으로 추정된다고 해요. 그런데 인구 증가와 야생 동식물의 남획, 각종 개발과 환경오염 등이 원인이 되어 매년 25,000~50,000종의 생물이 멸종되고 있어요. 즉, 하루 동안 100여 종의 생물이 멸종된다는 말이에요.

생물 종이 줄어들면 인간이 이용 가능한 생물 자원 또한 줄고, 먹이 사슬을 단절시켜 생태계 자체가 파괴될 수 있어요. 생물이 멸종되는 속도는 인구가 증가하고 개발 욕구가 분출하기 시작한 1900년대 이후, 50~100배나 빨라진 것으로 확인되고 있어요.

생물 다양성 협약의
주요 관심사는 뭔가요?

생물 다양성 협약 당사국 회의는 2년에 한 번씩 열려요. 기후 변화 협약 당사국 총회와 마찬가지로 생물 다양성 협약에 가입한 국가들이 모여서 생물 종 다양성을 보전하기 위한 대책을 논의하는 행사예요.

가장 최근에 열린 회의는 2022년 캐나다 몬트리올에서 열렸던 제15차 생물 다양성 협약 당사국 총회였어요. 이 회의는 2020년 10월 중국의 쿤밍에서 열릴 예정이었지만, 코로나19의 영향으로 계속 연기되다가 결국 몬트리올로 회의 장소가 바뀌었어요.

자연과 조화로운 삶을 위한 목표

이 회의가 제시한 비전은 '자연과 조화로운 삶'이었어요. 이를 달성하기 위해 참여국들은 '2050년까지 실천해야 할 4개의 목표'와 '2030년까지 실천해야 할 23개의 실천 목표' 수립에 합의했어요. 이 목표들은 자연환경의 보전뿐 아니라 사회, 경제 전 분야에서 빠르고 과감한 변화를 만들어야 한다고 강조하는 내용이었어요. 주목할 만한 내용에는 어떤 것들이 있는지 살펴볼까요?

가장 먼저 2030년까지 전 지구상에 존재하는 육상 및 해양 면적의 최소 30%를 자연 보호 구역으로 정해서 보전하고 관리하자는 목표를 세웠어요. 아울러 이미 훼손된 생태계를 최소 30%까지 복원하고, 화학 비료와 축산 분뇨가 과잉으로 공급되는 과잉 영양 유출을 50%까지 줄이자는 항목도 추가했어요. 이런 과잉 영양 유출은 수중 생태계의 파괴를 유발하는 부영양화를 일으킬 수 있어요.

살충제와 여러 유해 화학 물질이 가져오는 위험을 줄이고, 외래종의 유입과 토착화를 절반으로 줄이자는 약속도 했어요. 국가 간 교류가 활발해지면서 외래종이 유입돼 토종 동식물이 멸종하는 일이 빈번하게 일어나고 있거든요.

38   우리나라는 생물 다양성 협약에
          어떻게 협력할까요?

생물 다양성을 지키려면 외래종의 유입과 남획을 막는 것 못지않게 생물의 서식 공간과 환경을 보전하는 일 또한 중요해요. 우리나라도 기후 위기에 따른 빠른 기온 상승, 삼림의 훼손, 농경지와 갯벌의 파괴, 독성 녹조의 번성 등으로 수많은 생물이 위기에 내몰리고 있어요.

우리나라는 생물 다양성 보전을 위한 기본법으로 '생물 다양성 보전 및 이용에 관한 법률'을 2013년에 제정했어요. 이 법은 국가의 생물 다양성 전략 수립과 그것을 바탕으로 한 생물 다양성 및 생물 자원의 보전, 국가 생물 다양성 센터의 설립과 운영에 근거를 두고 있어요. 이와 관련된 법으로는 자연 환경 보전법, 습지 보전법, 자연공원법, 야생 동물 보호 및 관리에 관한 법률 등이 있어요.

자연의 콩팥, 습지를 늘리자

2022년에 환경부는 제4차 습지 보전 계획을 새롭게 수립해 습지 보전을 강화하기로 했어요. 이 계획에는 생물 다양성 협약 당사국 회의에서 합의된 사항을 실천하기 위한 내용도 반

131

영되었어요. 그 내용을 한번 알아볼까요?

가장 주목해야 할 사항은 2027년까지 내륙 습지 보호 지역을 확대하고 관리를 강화한다는 내용이에요. 2022년부터 137.393km² 에 불과한 내륙 습지 보호 지역을 150km² 이상으로 확대하고, 연안 습지 보호 지역도 기존의 1497.23km² 에서 1580km² 이상으로 넓히는 계획을 담았어요. 지금까지 계속 훼손되고 축소되던 습지 보호 지역의 면적을 늘리겠다는 목표를 세운 거예요.

또 습지 보호 지역 안에 있는 사유지를 매입해 훼손된 습지를 복원하고, 갯벌도 체계적으로 관리해서 갯벌 세계 유산 보전 본부 및 지역 방문자 센터를 만들기로 했어요. 우리나라 갯벌의 우수성을 전 세계에 알리려는 의도예요.

또한 초중고 교육 과정에 습지 교육을 도입하기 위해 교육청 등 관계 기관과 협력하고, 습지 교육 과정과 교재 개발을 지원할 뿐 아니라, 습지 교육 시범 학교도 운영하기로 했어요.

새만금의 마지막 갯벌 수라

2023년에는 파괴된 갯벌 속에서도 생명을 이어 가는 자연을 다룬 다큐멘터리 영화 〈수라〉가 개봉되어 수많은 사람의 심금을 울렸어요. 수라 갯벌은 군산 공항 근처에 있는 광활한 연안 습지예요. 국토교통부에서는 새만금 방조제가 건설되었기 때문에 수라 갯벌은 더 이상 습지가 아니라고 주장해요. 더 나아가 정부는 이곳에 새만금 공항을 짓겠다는 계획을 발표했어요.

　하지만 수라 갯벌은 봄이면 수많은 도요새가 찾아오고, 너른 초원과 갯벌이 공존하는 공간이에요. 이곳에는 국가 보호 종으로 지정된 40여 종이 넘는 새들과 수달, 삵, 너구리, 고라니 등 다양한 야생 동물이 살고 있어요. 멸종 위기 1급 종으로 지정되어 전 세계적으로 희귀한 저어새도 나타난다고 해요. 많은 환경 학자와 환경 단체는 새만금 공항 건설은 생물 다양성을 해칠 뿐 아니라, 새만금의 마지막 남은 수라 갯벌을 파괴하는 생태 학살 행위라고 표현하고 있어요.

3

우리나라는
기후 위기에
어떻게 대처하나요?

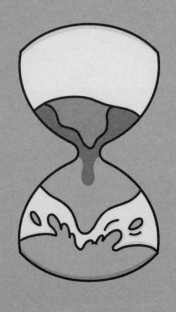

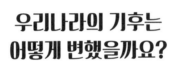

**우리나라의 기후는
어떻게 변했을까요?**

39

계절이
변했다고요?

지난 100년 동안 우리나라의 계절은 어떻게 변했을까요? 기상청은 지난 30년 동안의 평균 기온을 이용해 계절을 구별 하고 있어요. 여름은 일평균 기온이 20℃를 넘어서는 기간이 며, 겨울은 일평균 기온이 5℃ 이하인 기간을 말해요. 봄과 가을은 일평균 기온이 5℃보다 높고, 20℃보다는 낮은 기간 이에요.

이 기준을 따라 우리나라 기상청은 지난 109년 동안 기상 을 관측한 자료를 통해, 과거 30년과 최근 30년을 비교해 계 절이 어떻게 변해 왔는지 조사했어요. 그 결과, 최근 30년은 과거 30년보다 여름이 20일 길어졌고, 겨울이 22일이나 짧아 졌어요. 겨울은 과거에 비해 5일 늦게 시작되는 데 반해, 끝나 는 시기는 빨라졌어요.

여름은 길어지고 겨울이 짧아진다

결과적으로 여름이 시작되는 시기는 과거보다 11일 빨라졌 고, 끝나는 시기는 늦어졌어요. 여름철에 해당하는 일수가 20일이 늘어나, 총 118일을 기록하면서 여름철이 약 4개월로 길어졌어요. 원래 우리나라에서 가장 긴 계절은 겨울이었는데, 이제는 여름이 가장 길어진 거예요. 반면 겨울은 약 3개월로 짧아져서 봄철과 비슷해졌어요.

우리나라에서 가을에 해당하는 기간은 과거나 지금이나 약 2개월로 가장 짧아요. 다만 지금의 가을은 과거보다 더 늦게 시작되고, 더 늦게 끝나고 있어요. 봄철에 해당하는 기간도 길이 자체는 과거와 비슷하지만, 더 빨리 시작되고 더 빨리 끝나고 있어요.

꿀벌이 사라지면 벌벌 떨어야 하는 이유

봄이 일찍 시작되면 개화기도 앞당겨져요. 꽃이 피는 시기가 꿀벌의 활동기보다 훨씬 빨라지자, 충분히 성숙하지 못한 새끼 벌들이 꿀을 얻으려고 나섰다가 체력 고갈로 죽는 일이 계속해서 일어나고 있어요. 2021년 봄에만 약 75억 마리의

꿀벌이 자취를 감췄어요. 꿀벌이 사라지면 농산물 생산의 약 65%가 피해를 보게 된다고 해요. 유엔식량농업기구는 전 세계 식용 작물의 75%는 꿀벌의 수분 없이는 열매를 맺지 못한다고

우리나라 사계절 길이 변화

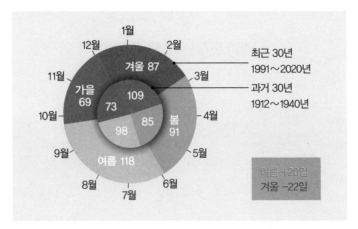

자료: 기상청

밝혔어요. 아인슈타인은 꿀벌이 사라지면 4년 안에 인류가 멸종할 거라고 경고하기도 했어요. 이렇듯 기후 변화로 지구 환경이 급격하게 바뀌면 꿀벌이 사라지고, 이로 인해 인류는 심각한 식량 부족 문제를 겪게 될 거예요.

읽을거리

날씨가 변하는 게 왜 문제일까?

지구 온난화가 심해지면서 고온화 현상만 나타날 줄 알 았는데, 과거에 겪어 보지 못한 엄청난 한파가 갑자기 찾 아오기도 해요. 기후 위기의 대표적인 특성은 '기후 변동 성'이 커진다는 거예요. 기후 변동성이란 기후가 일정 시 간 동안 평균적으로 변하는 기후의 움직임을 말해요.

기후 변동성이 커진다는 건 고온과 저온, 홍수와 가뭄, 무풍과 폭풍이 종잡을 수 없이 출현한다는 뜻이에요. 사 람들은 문명의 이기를 이용해 이런 이상 기후 현상을 웬 만큼 버텨 낼 수 있지만 자연은 그렇지 못해요.

우리는 도시에 살기 때문에 자연과 떨어져 있다고 착 각하기 쉬워요. 하지만 인류는 자연이 없으면 살아남지 못해요. 기후 위기로 자연이 대멸종기에 접어들면 우리 인간들도 더는 버틸 수 없을 거예요. 기후 위기, 그건 바 로 우리 인간의 위기예요.

40

홍수와 가뭄이
심각해졌다고요?

기후 변화는 우리나라에 내리는 비의 양과 비가 내리는 시기에도 큰 변화를 일으켰어요.

과거에 비해 우리나라의 1년 강수량 자체는 늘었지만, 계절만 따졌을 땐 강수량이 증가한 계절도 있고 감소한 계절도 있어요. 원래 비가 많이 내렸던 여름철에는 강수량이 증가했고, 가뭄이 심하던 겨울과 봄철의 강수량은 더욱 감소했어요.

1년 동안 비가 내린 강수일수는 4계절 모두 감소했어요. 강수량은 증가했는데, 비가 내린 날은 줄었다는 말이에요. 비가 오지 않는 날이 많아지면서 가뭄은 길어지고, 비가 올 때는 한꺼번에 내려서 홍수 피해가 증가하고 있어요.

과거에는 1년 강수량의 절반 이상이 장마철에 내렸는데, 1990년대 이후부터는 장마가 끝난 이후에 비가 더 많이 내리고 있어요. 장마가 끝나는 8~9월에 강한 태풍이 한반도를 덮치면서 비가 내리는 거예요. 이 시기에 홍수와 강풍에 의한 기후 재해 역시 증가하고 있어요.

늘어나는 홍수 피해

홍수 피해는 최근에도 계속해서 늘고 있어요. 2020년은 우리나라 기상 관측 역사상 가장 긴 장마 기간을 기록한 해였어요. 그만큼 비도 많이 내렸지요. 이 기간에 내린 강수량은 우리나라에 1년 동안 내리는 총강수량(약 1,200mm)의 약 60%에 이르렀어요. 그 결과, 전국적으로 큰 홍수 피해가 생겼어요.

2023년에는 사상 초유의 폭우가 쏟아졌어요. 7월 13일부터 6일 동안 비가 내려, 50여 명이나 되는 사망자와 실종자가 발생했어요. 산사태 피해가 집중된 경북과 지하 차도 침수 사고가 발생한 충북에 인명 피해가 집중되었어요. 낙동강, 금강, 영산강은 하천이 범람하고 제방이 무너져 대형 재해가 발생할 뻔했지만, 7월 19일부터 장마 전선이 일본으로 남하하면서 사흘 정도 소강기를 가진 덕분에 가까스로 위기를 벗어날 수 있었어요.

6일간 이어진 장맛비로 발생한 사상자는 장마가 가장 길었던 2020년보다 더 많았어요. 농작물과 가축 피해도 컸고, 일반 열차도 대부분 운행을 중단했어요.

41 폭염도 자연재해에 포함되었다고요?

여름철 반복되는 폭염은 이젠 매년 되풀이되는 일상이 되었다고 해도 과언이 아니에요. 이런 폭염은 전 세계에서 일어나는 현상이고, 이는 지구의 기온 상승과 밀접한 관련이 있어요.

미국의 항공우주국(NASA)은 기상 현상을 관측하기 시작한 1880년대부터 지금까지 지구의 기온이 가장 높았던 해를 조사해 10위까지 나열했어요. 그 결과, 전부 2010년 이후의 해가 순위에 올랐어요. 최근으로 올수록 기온이 더욱 빠르게 올랐고, 여름철 폭염으로 발생한 인명 피해와 산불 피해도 증가하는 상황이에요.

우리나라 정부와 국회는 2018년에 폭염을 자연재해 대상 항목으로 새롭게 추가하는 법을 만들었어요. 2018년에 특히 폭염 피해가 극심했거든요. 전국에 폭염 경보가

기상 관측 역사상 가장 더웠던 10년

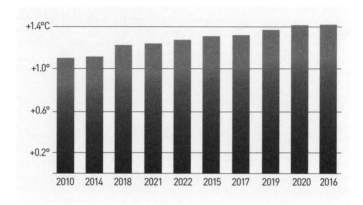

자료: 항공우주국(NASA)

한 달 넘게 길게 이어졌고, 중부 지역을 중심으로 일 최고 기온이 40℃를 넘었어요. 4,500명이 넘는 온열 환자가 발생했고, 목숨을 잃은 사람도 48명이나 되었어요. 예방 의학 전문가들의 연구 결과에 의하면, 2018년에 폭염 사망으로 집계되지는 않았지만, 더위로 원래 앓고 있던 기저 질환이 악화되어 사망에 이른 사람의 수는 2만 명이 넘었을 것으로 추정된다고 해요.

42 한파와 폭설도 기후 위기와 관련이 있나요?

2023년 겨울, 우리나라는 가장 추운 절기인 대한(1월 20일)이 지난 며칠 후, 설을 기다렸다는 듯 북극 한파가 찾아와 전국이 꽁꽁 얼어붙었어요. 이 시기를 한파가 발생한 절기의 이름을 따 '대한 한파'라고 불러요. 대한 한파로 기온이 영하 24.8℃까지 떨어졌는데, 이는 1990년 최저 온도인 영하 24.7℃와 2001년의 영하 26.7℃에 버금가는 기록적인 추위였어요.

서울에서는 1월 24일 오전에 영하 17℃ 이하로 온도계의 수은주가 곤두박질쳤고, 강한 바람까지 불어서 체감 온도는 영하 27℃를 기록했어요. 호남 지방과 제주도에는 폭설이 쏟아져 교통이 마비되기도 했어요.

한반도를 덮친 북극 한파

겨울철에 맹추위가 기승을 부리는 게 그렇게 놀랄 일이냐고요? 꼭 그렇지만은 않아요. 사실 2021년 1월에도 서울에 영하 18.2℃의 한파가 찾아왔고, 과거엔 서울의 기온이 영하 15℃ 아래로 떨어지는 일도 자주 있었어요. 겨울철이면 한강이 꽁꽁 어는 것이 보통이었으니까요.

그런데 2023년 1월에 발생한 대한 한파는 발생 원인이 과거와 달랐어요. 우리나라는 전형적인 계절풍 지대로, 여름철엔 일본 남쪽 해상에 중심을 둔 북태평양 고기압의 영향을, 겨울철엔 시베리아 대륙에서 발달하는 시베리아 고기압의 영향을 받아요. 우리나라에 겨울철 한파가 나타난다는 건 북위 45~50도 사이에 중심을 둔 시베리아 고기압이 세력을 확장해서 우리나라에 영향을 끼쳤다는 말이에요. 그런데 2023년의 대한 한파는 시베리아 고기압이 아닌, 북극권에서 내려온 차가운 공기가 원인이었어요.

제트 기류가 약해지다

북극 한파가 기승을 부리게 된 이유는 뭘까요? 그 원인은 기후 변화로 제트 기류가 약해졌기 때문이에요. 제트 기류는 북극권의 찬 공기와 남쪽의 따뜻한 공기 사이의 경계에서 나타나는 기류예요. 북극권과 남쪽 지역의 기온 차가 클수록 제트 기류 역시 강해져요. 제트 기류가 강해야 북쪽의 찬 공기가 특정 경도로 치우치지 않고, 북극을 중심으로 고르게 잘 분포할 수 있어요. 반면, 제트 기류가 약해지면 북극권의 공기는 더 남쪽으로, 남쪽의 뜨거운 공기는 고위도로 올라가기 쉬워져요. 제트 기류는 북극의 찬 공기를 가두어 두는 그릇 같은 역할을 하는 거예요. 그릇이 딱딱하고 튼튼하면 물은 그릇

속에 고이 담겨 있겠지만, 그렇지 않다면 물의 흐름에 따라 그릇의 모양도 특정한 방향으로 일그러지겠죠? 같은 원리예요.

최근 기후 변화로 북극권의 온도가 올라가자, 남쪽과 북쪽 공기의 온도 차가 줄어들었어요. 그 결과 제트 기류가 약해진 거예요. 제트 기류가 약해지면 특정 경도에선 남쪽 저위도까지 치우치고, 그곳으로 북극의 찬 공기가 내려가요. 반면 다른 경도에선 남쪽의 따뜻한 공기가 북극권으로까지 올라가지요.

2023년 겨울, 우리나라에 한파가 찾아온 것과는 대조적으로 유럽의 기온은 전반적으로 높았어요. 폴란드와 스위스는 1월에 여름 기온이 나타나기까지 했지요. 경도대에 따라 한파와 이상 고온이 대조적으로 나타나는 현상은 제트 기류의 약화가 가져오는 전형적인 사례라고 말할 수 있어요.

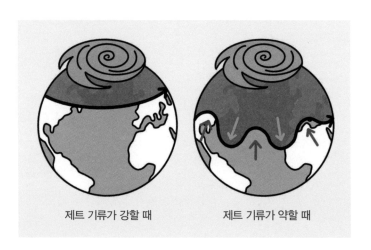

제트 기류가 강할 때   제트 기류가 약할 때

삼한 사온은 왜 생기는 걸까?

삼한 사온은 대한민국과 중국 동북부에서 겨울철에 나타나는 기후 특성이에요. 3일 동안 매섭게 춥다가 4일 동안 잠깐 따뜻해지는 현상을 삼한 사온이라고 해요. 그렇다면 삼한 사온이 생기는 원인은 무엇일까요?

시베리아 대륙은 북쪽과 서쪽, 동쪽이 높은 산맥에 가로막혔고, 남쪽 해양 방향으로만 열린 지형이에요. 그래서 겨울철에 땅이 심하게 얼면 땅 위에 쌓여 있던 공기도 함께 얼어 버려요. 냉각 시간이 길어지면 지표 아래층 1km 부근까지 영하 30℃ 이하의 차가운 공기가 쌓이게 돼요.

시베리아 대륙에서 차가운 공기가 많이 만들어지면 저지대로 흘러내려 가요. 차가운 공기는 수축되어서 밀도가 높거든요. 시베리아 대륙에서 생긴 차가운 공기가 우리나라로 밀려오는 것을 시베리아 한파라고 해요.

이렇게 시베리아 대륙에서 만들어진 한파가 남쪽 해상으로 빠져나가면, 다시 그곳에 차가운 공기가 쌓일 때까지 시간이 걸려요. 이 기간 동안 우리나라는 바람이 약해지고 기온이 상승해요. 이런 공기의 흐름이 겨울마다 반복되어 나타나는데, 시베리아의 찬 공기가 3일 정도 내려오고 나면 4일 정도는 멈춰요. 그래서 3일은 춥고 4일은 따뜻한 삼한 사온 현상이 나타나는 거예요.

43

기후 위기 시대엔
일기 예보도 어려워진다고요?

요즘 기상청 일기 예보가 엇나간다는 소식이 종종 들려요. 기상청의 일기 예보가 빗나가는 시기를 살펴보면 대체로 비가 오는 여름철일 때가 많아요. 과거에 비해 기상 관측 장비도 좋아졌고 기상 지식도 향상되었는데, 기상 예보 국민 만족도는 계속 떨어지고 있어요. 대체 그 이유가 뭘까요?

소낙성 강수를 예측하기 어려운 이유

일기 예보가 어려워진 이유는 기후 위기에 있어요. 기후가 따뜻하게 변하면서 우리나라의 강수량이 장마철에는 줄고, 장마가 끝난 이후에 더 많이 내리는 현상이 나타나고 있어요. 심지어 장마 기간에도 장마 전선의 영향으로 내리는 비보다 소낙성 강수 때문에 내리는 비의 양이 더 많다고 해요.

소낙성 강수가 생기는 원리는 다음과 같아요. 지표가 강한 햇빛을 받아서 뜨거워지면 지표면 부근의 공기가 열을 받고 팽창해서 밀도가 작아져요. 그 결과 공기는 부력을 얻고 위로 올라가는데, 이때 공기가 1km 상승할 때마다 기온이 10℃씩 낮아져요. 공기가 계속 올라가는 이유는 기압이 낮아져서 공기 덩어리가 팽창하기 때문이에요. 지상에서 불포화 상태였던 공기는 하늘로 올라가면서 수분이 포화 상태에 이르게 되고, 액체로 변하기 시작해요. 이를 '응결'이라고 해요. 이렇게 구름이 만들어지는 거예요. 작은 구름 알갱이가 서로 결합해서 커지면 비로 내리기 시작해요. 이게 바로 소낙성 비예요.

원인은 대류 현상에 있다

기상청이 소낙성 비를 예측하기 어려운 이유는 대류 현상을 이해하면 알 수 있어요. 대류 현상은 액체나 기체가 열을 받아 움직이는 현상을 말해요. 비커에 물을 넣고 바닥 면을 가열하면 아래쪽이 고온, 위쪽이 저온 상태가 되어서 대류 현상을 일으켜요. 대류 현상이 일어나면 비커 아래쪽에서 위쪽으로 물이 올라오는 부분과 위쪽에서 아래쪽으로 내려가는 부분이 발생해요.

이 현상을 대기에 대입해 볼까요? 물이 아래쪽에서 위쪽으로 올라가는 부분은 공기의 흐름이 상승해서 구름이 생성되는 영역이고, 반대로 위에서 아래로 내려오는 부분은 비가 내

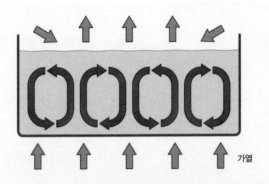

지표가 강한 햇빛을 받아 뜨거워질 때 발달하는 소낙성 강수 발생의 원리를 나타낸 그림이에요. 상승, 하강 지역은 아주 미세한 차이로 발생하기 때문에 이를 예측하는 일은 원칙적으로 불가능해요.

리는 영역이라고 보면 돼요.

이렇듯 비커의 아랫부분을 가열해 액체를 불안정한 상태로 만들어 주면 대류 현상이 일어나는데, 어느 부분에서 상승과 하강 기류가 발생하는지는 알 수 없어요. 열이 어디에 가해지는지 아주 미묘한 차이로 상승과 하강 기류가 발생하는 곳이 달라지기 때문이에요. 같은 동네 안에서도 어느 곳은 엄청난 폭우가 쏟아지고, 어떤 부근에서는 비가 거의 내리지 않는 현상이 일어나는 것도 같은 원리예요.

이렇게 지표면이 가열돼 대기가 불안정해져서 생기는 국지적 폭우 현상은 강수 가능성을 예상할 수는 있지만, 강수가 발생하는 시기와 장소까지는 정확히 예측하기 어려워요.

44

우리나라에도 슈퍼 태풍이 올 수 있다고요?

세계기상기구는 태풍의 강도를 5등급으로 분류하고 있어요. 슈퍼 태풍은 가장 강한 등급에 속한 태풍 중에서도 초강력 태풍을 말해요. 최대 풍속이 시속 240km를 넘고, 하루 동안 내리는 강수량이 1,200mm를 초과하는 태풍을 슈퍼 태풍이라고 해요. 우리나라는 아직 슈퍼 태풍을 경험한 적은 없었지만, 앞으로 한반도에도 슈퍼 태풍이 올 거라고 예측하는 과학자가 많아요.

2019년 9월, 일본 열도는 하기비스라는 슈퍼 태풍 때문에 초토화되었어요. 미국의 기상청에선 태풍이 한반도를 덮칠 거라고 예상했지만, 하기비스는 우리나라가 아닌 일본으로 진로를 틀었어요. 그 이유는 북쪽에서 차가운 공기가 내려왔기 때문이었어요.

2022년 9월에는 슈퍼 태풍 힌남노가 우리나라를 휩쓸었어요. 힌남노는 한반도를 살짝 비껴 갔음에도 경주와 포항에 큰 피해를 남겼어요. 힌남노가 지난 후에 곧바로 슈퍼 태풍 난마돌이 북상해 왔어요. 일본 기상청에선 난마돌의 예상 경로가 한반도일 거라 예측했어요. 하지만 이 태풍 역시 북쪽에서 차가운 공기가 내려온 덕분에 규슈에서 급히 방향을 틀어 일본 열도를 지나 태평양으로 나갔어요. 이처럼 슈퍼 태풍이 우리 나라로 상륙할 뻔한 상황은 지난 몇 년 동안 여러 번 되풀이 되었어요.

가을 태풍이 센 이유

1년 중 태풍이 한반도로 올라오는 기간은 대체로 7~9월 사이예요. 7월에서 8월 중순 이전에 올라오는 태풍을 여름 태풍이라고 하는데, 이때 태풍의 진로는 대체로 한반도의 서쪽이고 바람도 그다지 강하지 않아요. 반면 8월 중순 이후로 북상해 오는 가을 태풍은 진로가 동쪽이고, 매우 강해요.

태풍은 수온이 높을수록 더욱 강해지는 성질을 가지고 있어요. 그런데 태풍이 만들어지는 열대 해상과 우리나라로 북상해 오는 아열대 해상의 수온은 가을이 될수록 더 따뜻해져요. 하지(양력 6월 21일 경) 이후 태양이 점점 남쪽으로 내려가서 추분(양력 9월 23일 경) 때 적도 바다를 가장 많이 비추거든요. 그래서 가을 태풍이 여름 태풍보다 강한 거예요.

과거엔 가을에 태풍이 오는 일이 거의 없었지만, 최근에는 거의 매년 가을 태풍이 큰 피해를 주고 있어요. 앞으로는 더욱 강한 태풍이 우리나라로 찾아올지도 몰라요.

5월에도 태풍이 생긴다고?

7월 이전에는 북반구 바닷물의 온도가 그다지 높지 않기 때문에 태풍의 세력은 약해요. 그런데 2023년 5월, 때아닌 슈퍼 태풍이 괌을 덮쳤어요. 바로 태풍 마와르였어요. 많은 전문가는 한반도에도 마와르 같은 강력한 슈퍼 태풍이 상륙할 수 있다고 말해요. 대체 5월에 슈퍼 태풍이 생긴 이유는 무엇이었을까요?

그 이유는 바로 전 세계 해양의 수온이 2023년에 가장 높았기 때문이에요. 각종 언론에서는 '펄펄 끓는 바다'라는 제목의 기사를 쏟아 냈어요. 해양의 온도가 높아지자 전 세계가 폭염과 가뭄으로 고통받았고, 인도와 중동 사이에 위치한 아라비아해에서도 6월에 강력한 폭풍우가 발생해 인도 북부와 파키스탄에 큰 피해를 남겼어요. 기후 위기로 발생한 슈퍼 태풍이 세계 곳곳에서 수많은 사람의 목숨을 앗아가고 있는 상황이에요. 이제 슈퍼 태풍으로부터 안전한 나라는 없어요.

우리나라는
탄소를 얼마나 많이
배출할까요?

45 우리나라는 탄소를 얼마나 배출하나요?

우리나라의 온실가스 배출량은 1990년만 해도 3억 톤에도 미치지 못했어요. 하지만 IMF 경제 위기를 겪었던 1998년을 제외하곤 꾸준히 증가해서 2018년에는 7억 2,760만 톤을 기록했어요. 2018년 이후부터는 코로나19의 영향으로 2020년까지 조금씩 감소했지만, 2021년에는 다시 증가했어요. 2023년 10월 기준 2021년 우리나라의 잠정 탄소 배출량은 6억 7,960만 톤이고, 2022년 잠정 배출량은 6억 5,450만 톤이었어요.

2010년 이후 우리나라 온실가스 배출량 변화 (단위 : 백만 톤 CO2eq.)

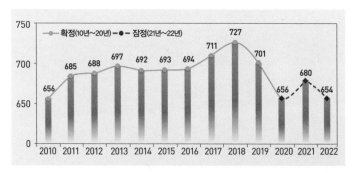

자료: 환경부

157

우리나라에서 배출되는 국가 전체 탄소 배출량의 약 87%
는 화석 연료 연소 분야에서 나와요. 이는 세계 평균인 73%
에 비해 훨씬 높은 비중이에요.

우리나라가 탄소를 많이 배출하는 이유는 뭘까요? 에너지
다소비 산업 구조 탓에 에너지 사용량 자체가 많은 것도 원인
이지만, 탄소 배출이 가장 많은 에너지원인 석탄에 너무 많이
의존하는 것도 큰 문제예요. 우리나라가 전력이나 열을 생산
할 때 가장 많이 사용하는 에너지원이 석탄이거든요. 1kWh
의 전기를 천연가스로 생산하면 약 400g의 이산화탄소가 나
오지만, 석탄을 사용하면 그보다 2배나 많은 820g의 이산화
탄소가 배출돼요.

46

탄소를 줄이려면
어떻게 해야 할까요?

세계에너지기구(IEA)의 자료에 의하면 2019년 기준으로 전 세계의 온실가스 배출량은 약 336억 ton_CO2이었고, 1인당 배출량은 4.4 ton_CO2이었어요.(ton_CO2란 각종 온실가스의 온실 효과를 이산화탄소로 환산했을 때의 총질량이에요.) 우리나라 국민의 1인당 온실가스 배출량은 11.3ton_CO2로 세계 평균보다 3배 정도 많아요. 세계에서는 7번째로 많은 양이에요.

탄소를 줄이려면 어떻게 해야 할까?

우리나라의 온실가스 배출량이 많은 가장 큰 원인은 에너지 다소비형 산업 구조에 있어요. 배출량의 50% 이상이 산업 분야에서 발생하는데, 이는 다른 OECD 국가들과 비교해 보면 20%나 높아요.

우리나라는 에너지 전환 부문, 즉 전기 생산과 열을 만드는 분야에서 나오는 온실가스가 국가 총 배출량의 37%를 차지해요. 2050년까지 탄소 중립을 달성하려면 이 부문에서 온실가스 배출량을 크게 줄여야 해요. 그러기 위해선 태양광이나 풍력 발전과 같은 재생 에너지를 크게 확대해야겠죠? 철강 산업과 차량 운행에서 배출되는 온실가스 양도 각각 국가 전체 배출량의 약 13%를 차지한다고 해요. 가정에서 배출되는 양과 시멘트 관련 산업에서 배출되는 양도 약 5%를 차지해요.

온실가스의 가장 큰 흡수원은 숲이에요. 하지만 우리나라의 경우 숲이 흡수하는 양은 온실가스 총 배출량의 약 6% 정도에 그친다고 해요. 우리나라가 국제 사회에 약속한 온실가스 감축 목표를 지키려면 산업 부문에서 에너지 효율을 높이고, 에너지 전환 부문에서 재생 에너지 사용 비중을 크게 늘려야 해요.

47

우리나라의 국가 탄소 감축
목표는 어떤가요?

2021년 11월, 우리나라는 2030년까지 달성해야 할 온실가스 감축 목표를 기후 변화 협약 당사국 사무국에 제출했어요. 이 목표를 '국가 온실가스 감축 목표(NDC)'라고 불러요. 우리나라는 2030년까지 2018년 대비 40%를 감축해, 연간 탄소 배출량을 4억 3,660만 톤으로 줄이기로 했어요. 우리나라의 탄소 배출량 감축 목표 계획을 자세히 알아볼까요?

우선 에너지 전환 부문에서 석탄 발전을 축소하고, 재생 에너지를 확대해서 총 1억 4,990만 톤을 줄이는 계획을 세웠어요. 산업 부문에서도 철강 공정 전환, 석유 화학 원료 전환 등의 방법을 통해 총 2억 2,260만 톤을 감축해야 해요. 건물 부문에서는 단열 시설 보완 등으로 3,500만 톤, 수송 부문에서는 내연 기관 차량을 전기 차량으로 전환해서 6,100만 톤을 감축하기로 했어요.

2050 탄소 중립 시나리오

우리나라는 2050 탄소 중립 시나리오도 작성했어요. 탄소 중립 시나리오란 국가 총탄소 배출량을 자연의 탄소 흡수량

이내로 감축하자는 내용의 계획이에요.

내용을 살펴보면 크게 두 가지 방법으로 나뉘어요. 첫 번째는 석탄과 천연가스 발전소를 모두 없애는 방법이고, 두 번째는 천연가스 발전소를 일부 남기는 대신 석탄 발전은 없애고, 이산화탄소를 재사용하거나 땅속에 저장하는 기술을 적극적으로 활용하는 방법이에요. 이 같은 기술을 'CCUS'라고 해요.

이외에도 산업, 건물, 수송, 농축산업 부문에서도 온실가스를 거의 배출하지 않아야 목표를 달성할 수 있어요. 2021년 이후부터 온실가스 배출량을 매년 4% 이상 줄여야 2050 탄소 중립 시나리오를 이룰 수 있다고 해요. 그런데 우리나라의 온실가스 배출량은 2022년부터 다시 증가하고 있어요.

48

우리나라가 기후 악당
국가라고요?

우리나라는 호주, 뉴질랜드, 사우디아라비아와 함께 기후 위기 대응 4대 악당 국가로 불리고 있어요. 그 이유는 우리나라가 기후 변화 대응 순위에서 최하위권을 벗어나지 못하고 있기 때문이에요.

우리나라는 2016년 11월 모로코의 마라케시에서 열렸던 제22차 기후 변화 당사국 총회에서 처음으로 기후 악당 국가

라고 불렸어요. 이 회의에서 전 세계를 대상으로 기후 위기 대응 활동을 하는 민간 연구소인 기후행동추적(CAT)이 기후 변화 대응 지수를 조사해 순위가 낮았던 나라인 호주, 뉴질랜드, 사우디아라비아, 대한민국을 기후 악당 국가라 지칭했어요.

4대 기후 악당 국가 중 호주, 뉴질랜드, 사우디아라비아는 국가 경제에서 석탄, 석유와 같은 화석 연료 수출이 큰 비중을 차지해요. 우리는 그런 나라가 아닌데도 에너지 전환 성과와 전환 계획에서 매우 낮은 평가를 받고 있어요. 탄소를 많이 배출하는 석탄 발전 비중이 높을 뿐만 아니라 해외에 석탄 발전소를 수출하는 일에도 적극적이거든요. 게다가 1인당 탄소 배출량도 많고, 증가율도 높은 상황이 계속되고 있어요. 이런 점들 때문에 국제 사회로부터 따가운 시선을 받는 거예요.

49

기후 변화 대응 지수가
뭔가요?

'기후 변화 대응 지수(CCPI)'란 기후 위기 대응 활동을 하는 민간 연구소인 기후행동추적이 중심이 되어, 전 세계 온실가스 배출량의 90%를 차지하는 58개 나라를 대상으로 기후정책과 실천 수준을 종합적으로 평가한 성적표를 말해요.

평가 기준은 온실가스 배출량, 에너지 소비량, 재생 에너지비중, 정부의 기후 변화 정책 등 4가지 부문을 중심으로 14개세부 항목을 평가해요. 항목별로 점수를 평가한 값을 전부합해서 결과를 내는데, 전 세계에서 350~400명에 이르는 기후 에너지 분야 전문가들이 평가에 참여한다고 해요.

한국의 기후 위기 대응은 꼴지 수준

우리나라는 온실가스 배출량, 에너지 소비, 재생 에너지 비중 3개 부문에서 매우 저조하다는 평가를 받았으며, 기후 변화 정책 부문에서도 저조하다는 평가를 받고 있어요. 특히 가장 중요하다고 말할 수 있는 '온실가스 배출'과 '에너지 사용'부문에서 최하위권을 기록했어요.

2022년에 개최된 기후 변화 회의 중 발표된 우리나라의 기

순위	국가	점수(100점 만점)
⋮		
4	덴마크	79.61점
5	스웨덴	73.28점
6	칠레	69.54점
⋮		
59	러시아	25.28점
60	한국	24.91점
61	카자흐스탄	24.61점

2022년에 조사한 기후 변화 대응 지수 순위예요. 우리 나라는 조사 대상 국가 중에서 최하위권인 60위를 기록했어요.

후 변화 대응 지수 역시 꼴등 수준을 면하지 못했어요. 기후 정책 부문도 50위로 내려앉았어요. 우리나라가 2030년까지 달성할 에너지 비중을 하향 조정하는 방안을 내세운 것에 대한 부정적인 평가와 화석 연료 보조금을 폐지하고 있지 않다는 점이 반영됐기 때문이에요. 〈2022 기후 변화 대응 지수 보고서〉는 우리나라가 2030년까지 석탄 발전을 퇴출하고, 재생에너지 비중을 30% 이상까지 높여야 한다고 지적했어요.

기후 위기 대응에 1등 국가는 없다

한편 2023년 기후 변화 대응 지수 평가에서 1~3위는 빈자리였어요. 평가 기준을 만족하는 나라가 없었거든요. 58개 나라 중 덴마크가 4위로 가장 좋은 점수를 받았고, 스웨덴, 칠레, 모로코, 인도가 그 뒤를 이었어요.

온실가스를 가장 많이 배출하는 나라인 중국과 미국은 각각 51위와 52위를 기록했어요.

탄소 배출을
어떻게 줄여야 할까요?

50

배출한 탄소를 없애는 기술이 있다고요?

우리나라는 온실가스 배출량을 2030년까지 2018년 대비 40% 감축하고, 2050년까지 탄소 중립을 달성한다는 목표를 세웠어요. 이를 달성하기 위해서는 일상생활에서 에너지와 물자 절약을 실천하는 작은 변화가 가장 중요해요. 하지만 그것만으로 탄소 중립을 달성하기는 부족해요. 일상의 변화뿐만 아니라 탄소 흡수원인 자연을 적극적으로 활용하고, 배출되는 이산화탄소를 포집해서 재사용하거나 땅속에 저장하는 기술 개발도 필요해요. 여기서는 탄소를 포집·활용·저장하는 기술을 가리키는 'CCUS'에 대해서 알아보기로 해요.

탄소를 다시 쓰는 기술 CCUS

CCUS란 'Carbon Capture Utilization and Storage'의 약자로, 배출 가스에 포함된 이산화탄소를 골라 모은 뒤 이를 산업적으로 활용하거나 안전하게 장기간 저장하는 기술을 가리키는 말이에요. 영어 단어를 살펴보면 탄소를 '포집(Capture)', '저장(Storage)', '활용(Utilization)'하는 기술을 의미한다는 것을 알 수 있어요. 화석 연료를 연소시킬 때 굴뚝을 통해서 대기로 배출되는 이산화탄소를 포집하는 기술을 'CC(탄소 포집)'라고 해요. 포집한 이산화탄소를 지하에 묻는 것을 'CCS(탄소 포집 및 저장)'라고 하고요.

이산화탄소를 저장하는 방식에는 크게 2가지가 있어요. 가장 일반적인 방법은 천연가스를 뽑아 낸 지역에 이산화탄소를 저장하거나 지하 깊은 퇴적암층 안의 빈 곳에 주입해 격리하는 방법이에요.

포집한 이산화탄소를 탄산음료 혹은 비닐하우스에 광합성 촉진 물질로 사용하거나, 친환경 시멘트, 무공해 연료인 바이오 디젤 생산 등 다양한 산업 분야에서 활용할 수 있는 기술도 있어요. 이를 'CCU(탄소 포집 후 활용)'라고 해요. 'CC'에 '활

용'이라는 뜻을 가진 'Utilization'이 붙어 만들어진 말이에요.

CCUS는 정말 실효성이 있을까?

실제로 포집한 이산화탄소는 활용되는 경우보다 저장하는 경우가 많아요. 이산화탄소를 활용하려면 탄소와 산소 분자로 분리하는 데 많은 에너지가 필요하거든요.

앞으로 재생 에너지가 많이 생산된다면 탄소를 활용하는 CCU 기술도 좋은 대안이 될 수 있을 거예요. 하지만 그때가 되면 재생 에너지를 바로 사용하는 것이 더 효과적일 거라는 의견이 많아요. 화석 연료를 사용하지 않음으로써 이산화탄소를 배출하지 않는다면, 굳이 이산화탄소를 전기 분해해서 제거할 일은 생기지 않을 테니까요.

51

탄소에도
색깔이 있다고요?

탄소는 크게 블루, 그린, 블랙 세 가지 색깔로 구분할 수 있어요. 블루 카본과 그린 카본은 탄소를 흡수해서 지구에 이로운 효과를 가져와요. 반면 블랙 카본은 온실 효과를 발생시키는 원인이 돼요. 이렇듯 세 가지 종류의 탄소는 기후에 미치는 영향이 서로 달라요. 이들을 자세히 알아볼까요?

바다가 탄소를 흡수하는 블루 카본

블루 카본은 염생 식물, 잘피 등 강이나 바다 근처에 서식하는 식물과 갯벌 등의 해양 생태계가 흡수하는 탄소를 가르켜요. 우리나라의 연안과 갯벌은 간척지를 만드느라 많이 훼손되었지만, 그럼에도 광활한 면적을 자랑해요. 서해안을 중심으로 펼쳐진 갯벌은 특히 대기 중 탄소를 흡수해 저장하는 데 탁월한 것으로 평가받고 있어요.

간척의 나라로 불릴 만큼 간척 사업에 앞장섰던 네덜란드는 과거에 매립한 갯벌을 다시 습지로 복원하는 사업을 추진하고 있어요. 갯벌의 생태학적 가치를 조사해 보면 농경지보다 훨씬 경제적 가치가 높아요. 우리나라도 연안의 탄소 흡수량을

늘리기 위해서는 갯벌을 잘 보전하고, 이미 매립한 갯벌이라
해도 다시 자연으로 되돌릴 필요가 있어요.

식물에서 찾는 그린 카본

육상 산림이 흡수하는 탄소를 그린 카본이라고 불러요.
30년을 산 소나무 한 그루가 1년에 흡수하는 이산화탄소 양
은 5kg 정도라고 해요. 우리나라 육지에서 자란 식물이 1년
동안 흡수하는 이산화탄소 총량은 약 2,800만 톤으로 추정하
고요. 이 양은 국민 200만 명의 이산화탄소 배출량에 버금간
다고 해요.

육상 산림의 탄소 흡수량을 늘리려면 산에 나무를 심는 것
을 넘어, 하천 변에 식물을 심는 녹화 사업이 중요해요. 해외에
비해 우리나라의 녹화 사업은 진행이 아주 더딘 실정이에요.

도시 녹화도 여전히 부족해요. 거리에 가로수를 많이 심고
있지만, 도시 내에 공원 면적은 턱없이 부족하고 각종 시설물
이 들어차 있어서 숲이 차지하는 면적이 좁아요. 우리나라와
달리 해외 여러 나라에서는 도시 녹화 사업에 적극적이에요.
영국의 런던은 2050년까지 도시 면적의 50%를 녹화한다는
담대한 계획을 발표했어요. 프랑스 파리는 녹지를 대규모로
조성했고, 도시 중심부에 자동차 감소를 위해 교통 제한 구역
을 지정했어요. 더불어 2024년 올림픽을 대비해 녹지화 사업

을 대규모로 진행하기로 했어요.

검은 그을음 블랙 카본

블랙 카본이란 석탄, 석유, 나무와 같이 탄소를 포함한 연료가 불완전 연소할 때 나오는 그을음을 가리켜요. 자동차 매연이나 모닥불을 피울 때 나오는 검은 연기를 생각하면 이해하기 쉬울 거예요. 블랙 카본은 햇빛을 잘 흡수해서 온도가 쉽게 높아지는데, 그 과정에서 적외선과 열을 대기로 방출해요. 이때 나오는 열이 대기를 가열해서 온실 효과를 발생시키는 거예요.

52

재생 에너지 발전소 건설에 왜 반대할까요?

사막이나 황무지가 많은 나라는 유휴지를 이용해 대규모 태양광 발전 시설을 만들어요. 해양 영토가 넓고 풍속이 강한 나라는 육지에서 멀리 떨어진 바다에 풍력 발전 시설을 만들고 있지요. 대기업에서 많은 자금을 들여서 대규모로 사업을 주도하는 경우는 재생 에너지의 설치 비용이 적게 들고, 관리도 편리하다고 해요.

산림청의 통계에 따르면, 우리나라는 국토의 63%가 산지라고 해요. 약 20%는 농지로 쓰이고 있고요. 사막이나 황무지로 분류되는 땅은 거의 없어요. 즉, 대규모 태양광 발전 시설을 짓기에 부적합하다는 말이에요.

그럼에도 우리나라의 재생 에너지 발전 시설은 대부분 대규모로 건설되고 있어요. 발전 시설이 들어서려면 산지가 훼손될 수밖에 없어요. 산지에 건설되는 태양광 발전소는 산림 경관을 훼손하고, 여름철에 홍수가 발생하면 산사태를 일으키는 원인이 되기도 해요. 그래서 최근에는 산지에 건설되는 태양광 발전소에 엄격한 규제를 적용하고 있어요.

친환경 발전소의 두 얼굴

산지 태양광 발전소의 대안으로, 최근 호남 지방에 조성된 간척지에 태양광 발전 시설을 지으려는 시도가 이어지고 있어요. 하지만 간척지에 발전소를 건설하면 그곳에서 농사를 짓고 살아가는 농민들은 쫓겨날 수밖에 없어요.

정부는 바람이 강한 백두 대간 정상이나 바다 생물의 중요한 서식지인 서해안 연안 지역 등에 풍력 발전소를 대규모로 건설하려는 계획을 세우고 있어요. 산촌 사람들과 어민들은 발전소 건설에 반대하고 있고요. 이처럼 주민의 참여가 배제된 채 대기업 주도로 친환경 발전소가 들어올 경우, 해당 지역의 주민들이 일방적으로 피해를 받는 일이 종종 생겨요.

재생 에너지 발전의 3요소

재생 에너지 발전은 3가지 요소를 갖출 때 바람직하다고 해요. 첫째, 해당 지역에서 생산된 재생 에너지는 그 지역에서 소비될 수 있도록 여러 군데에 분산해서 지어야 해요. 대규모 생산 시설보다 소형 발전 시설을 많이 건설하는 게 환경과 조화를 이루는 바람직한 방식이에요. 둘째, 해당 지역 고유의 자연 에너지를 활용할 수 있어야 해요. 태양 에너지가 많은 곳에는 태양광 발전, 풍속이 균질하고 강하게 부는 곳에는 풍력 발전소를 짓는 거예요. 셋째, 재생 에너지 발전이 지역 주민들의 소득을 증대하는 데 기여하고, 지역의 경제 활성화에 도움이 되어야 해요. 우리나라의 재생 에너지 정책은 마지막 조건이 무시되는 경우가 많아요. 주민들이 발전 시설이 들어서는 것에 크게 반발하는 이유도 그 때문이에요.

53

원전으로 기후 위기 대응이 가능할까요??

원전은 1kWh의 전기를 생산할 때 20g의 이산화탄소를 배출해요. 이산화탄소 배출량만 고려한다면 재생 에너지로 전기를 만들 때와 비슷한 수준이에요. 그래서 2011년 후쿠시마 원전 사고가 발생하기 전까지만 해도 전 세계의 많은 나라에서 원전 르네상스 바람이 불기도 했어요.

원전은 1986년에 발생했던 체르노빌 원전 폭발 사고를 계기로 퇴출되어야 할 에너지로 인식되어 오랜 기간 침체기에 빠져 있었어요. 원전이 다시 각광을 받기 시작한 것은 2004년부터였어요. 지구 온난화 문제가 심각하지자 '가이아 이론'으로 유명한 영국의 러브록 박사가 원전 사용 불가피론을 주장하고 나섰던 거예요.

원자력을 늘리자고?

러브록 박사는 2004년 3월에 영국 일간지인 〈인디펜던트〉에 기고한 글에서 온실가스 증가로 발생하는 지구 온난화 문제를 막을 유일한 방법은 전 세계가 원전을 널리 사용하는 것이라고 주장했어요. 그렇지 않으면 가까운 미래에 지구에 재앙이 찾아온다는 거예요. 이 주장은 많은 논쟁을 낳았지만, 결국 원전 르네상스 바람을 일으키는 계기가 되었어요.

그러나 러브록 박사의 주장에 대해 국제원자력기구(IAEA)는 2004년 4월에 발간한 보고서에서 원자력만으로는 지구 온난화 문제를 해결할 수 없다고 밝혔어요.

2004년부터 7년 정도 이어진 원전 르네상스 바람은 2011년 3월에 발생한 후쿠시마 원전 사고로 한 번에 사라졌어요. 모두가 원전의 위험성에 큰 충격을 받았던 거예요. 독일 등 여러 나라에서 빠른 기간 내에 원전을 없애겠다는 탈핵 선언이 이어졌고, 원전 비중이 가장 높은 프랑스마저 장기적으로 원전을 줄여 가겠다고 선언했어요.

원전 사용을 찬성하는 사람들은 원전이 온실가스를 배출하지 않기 때문에 친환경 에너지라고 주장해요. 하지만 이는 과

에너지원별 1kWh의 전기를 생산할 때 발생하는 이산화탄소

석탄	880g
등유	740g
천연가스	430g
풍력	25g
원자력	20g
지열	15g
태양광	15g
수력	11g
바이오매스	5g

전기를 생산할 때 발생하는 이산화탄소의 양이에요. 석탄이 가장 많은 이산화탄소를 배출하고, 친환경 에너지인 바이오매스가 이산화탄소를 제일 적게 배출해요.

장된 주장이에요. 원전은 화석 연료보다 이산화탄소 배출량이 적을 뿐, 이산화탄소를 배출하지 않는 건 아니에요. 배출량을 따지면 수력, 풍력과 비슷한 정도예요. 게다가 관리 비용도 들기 때문에 경제적이지도 않아요. 세계 평균으로 보면 재생 에너지에 비해 원전의 생산 발전 단가도 훨씬 높아졌어요.

전기 소비량이 가장 많은 글로벌 대기업이 가입한 자발적 온실가스 감축 클럽인 RE100은 원전을 사용 대상에 포함하고 있지 않아요. 우리나라 역시 국제 사회의 흐름에 발맞춰 재생 에너지 사용을 점차 늘려 가야 해요.

읽을거리

지구는 정말 스스로 회복할 수 있을까?

'가이아 이론'은 영국의 러브록 박사가 주장한 가설로, 1972년에 〈대기권 분석을 통해 본 가이아 연구〉에서 처음으로 제기했고, 1978년에 출판한 저서 《지구상의 생명을 보는 새로운 관점》을 통해 다시 세상에 알려졌어요.

가이아는 고대 그리스인들이 대지의 여신에 붙인 이름으로, 지구를 가리키는 말이기도 해요. 가이아 이론은 지구가 기체에 둘러싸인 암석 덩어리로서 생명체가 살아가도록 지탱하기만 하는 수동적인 존재가 아니라, 생물과 무생물이 상호 작용하면서 스스로 진화하고 변화하는 하나의 생명체 같은 존재라고 주장했어요.

지구가 탄생했을 때보다 태양 에너지는 30% 더 강해졌지만, 지구 온도는 오히려 낮아져서 다양한 생명체가 살 수 있는 조건이 갖춰졌어요. 러브록은 이를 두고 그동안 지구에 존재하던 수많은 생명체와 무생물이 서로 협력해 지구 대기의 온실가스를 제거하고, 태양 빛의 반사율을 높인 결과라고 설명했어요. 지구의 자기 조절 시스템은 러브록의 가이아 이론에 근간을 두고 있어요.

탄소의 사이클

오랜 지구의 역사를 돌아보면 기온이 높았던 시기에는 이산화탄소 농도가 높았고, 기온이 낮았던 시기에는 이산화탄소 농도 또한 낮았어요. 대기 중에 이산화탄소 농도가 높아지면 기온이 상승해 물의 증발과 강수 현상이 활발해져요. 강수 현상으로 비가 내리면 빗방울이 대기 중의 이산화탄소를 포집해 바다와 토양으로 운반해요. 결국 이산화탄소의 농도가 낮아지는 거예요. 지구의 온도가 높으면 식물 성장도 활발해져서 광합성 작용으로 이산화탄소를 더 많이 흡수해요.

반대로 이산화탄소 농도가 줄어들면 기온이 낮아져서 물 증발량과 강수량도 감소하지요. 자연스레 식물 성장도 더뎌지고 광합성 작용도 줄어들어요. 그럼 다시 이산화탄소 농도가 증가하고 기온이 올라가요. 이렇게 대기 중 이산화탄소의 농도는 증가와 감소를 반복해 왔어요.

하지만 기온의 상승 속도가 지금처럼 빨랐던 적은 약 2만 년 전부터 지금까지 한 번도 없었어요. 오늘날 기온이 상승하는 속도는 과거에 이산화탄소 농도가 증가해서 자연스럽게 기온이 상승하던 속도보다 천 배나 빨라요. 인간이 지금처럼 온실가스를 방출한다면 지구의 자동 온도 조절 장치가 무너지고, 결국엔 지구 생명체를 멸종으로 몰아 갈 거예요.

54

탄소 중립 기본법이
뭔가요?

탄소 중립 기본법의 정식 명칭은 '기후 위기 대응을 위한 탄소 중립·녹색 성장 기본법'이에요. 이 법안은 2021년 8월 말에 국회를 통과하고, 2022년 3월에 처음 시행되었어요. 탄소 중립 기본법이 시행되면서 우리나라는 전 세계에서 14번째로 탄소 중립을 법제화한 국가가 되었어요.

탄소 중립 기본법이 필요한 이유

탄소 중립 기본법은 우리나라가 2050년까지 탄소 중립 정책이 지속적으로 추진할 수 있는 근거를 마련한 데 의의가 있어요. 이 법을 시행함으로써 국가 주요 계획과 대규모 개발 사업뿐 아니라 국가 재정 전반에 온실가스 감축을 유도하는 '온실가스 감축 인지 예산 제도'와 '기후 변화 영향 평가 제도'가 도입돼요.

이외에도 탄소 중립 기본법에는 기후 위기 대응을 위한 산업 구조의 전환과 산업 공정 개선 등에 필요한 자금을 마련하는 내용도 있어요. 또 탄소 중립을 실천하는 과정에서 피해를 입는 계층을 보호하고 지원하는 정의로운 전환 정책 수립

을 위한 근거도 갖췄어요.

　기후 위기로부터 사회 안전망을 강화하는 대책으로, 고용 안정, 실업 지원, 사업 전환 지원 등을 포함한 종합적인 대책을 마련할 법적인 초석을 세운 거예요.

탄소 중립 기본법도 부족하다

　그렇지만 탄소 중립 기본법은 미래 세대의 생명권, 환경권, 자유권을 보장하기에는 부족하다는 주장도 있어요. 청소년 기후 운동 단체인 청소년기후행동은 탄소 중립 기본법으로 국제 사회가 합의한 온실가스 감축 목표를 달성하는 건 어려울 거라고 평가했어요. 또 미래 세대의 삶을 지키기에는 턱없이 부족한 법이라며, 탄소 중립 기본법을 대상으로 위헌 소송을 제기하기도 했어요.

독일, 영국 등 유럽에서는 정부가 온실가스를 줄이려는 노력을 등한시하면 처벌할 수 있는 규정을 포함하고 있어요. 하지만 우리나라의 탄소 중립 기본법에는 그런 처벌 규정이 없기 때문에 유명무실한 법이 될 가능성이 있다는 지적이 많아요.

55

탄소 중립 녹색 성장 기본 계획이 뭐예요?

2021년 11월, 우리나라는 유엔에 2030년까지 감축할 온실가스 감축 목표를 제출했어요. 이 목표를 달성하고 탈탄소 사회로 나아가기 위해 탄소 중립 기본법을 만들었어요. 탄소 중립 기본법에 따르면, 법령 제정 후 1년 안에 온실가스 감축 목표와 2050 탄소 중립 달성을 위해 필요한 구체적인 계획을 만들어야 해요. 그래서 2023년 3월, '제1차 탄소 중립 녹색 성장 기본 계획안'이 나왔어요.

탄소 중립 없는 탄소 중립 계획

정부는 계획안에서 우리나라의 온실가스 배출량을 2030년까지 2018년 대비 40% 낮춘다는 국가 온실가스 감축 목표(NDC)를 지켜 나가기로 했어요. 하지만 탄소 중립 녹색 성장 기본 계획안은 사람들의 환영을 받지 못했어요. 시민들이 실망한 가장 큰 이유는 무엇일까요? 그건 바로 우리나라 온실가스 배출에 압도적인 책임이 있는 산업체가 감축해야 할 배출량의 부담이 줄어들었기 때문이에요. 게다가 현 정부 임기 중에는 온실가스 배출량을 아주 조금만 줄이는 것으로 계획하고, 실질적인 감축은 뒤로 미뤄 놓았어요. 기후 위기에 제대로 대응하려면 온실가스를 되도록 빨리, 되도록 많이 줄여야 해요. 온실가스 감축을 계속해서 미룬다면, 지구의 온도는 그만큼 빠르게 오를 수밖에 없어요. 탄소 중립 녹색 성장 기본 계획안은 온실가스 배출량을 줄이는 방법으로 원전을 확대하고, 탄소 포집과 CCUS 같은 기술적 불확실성이 높은 미래 기술을 제시했다는 점에서 큰 비판을 받았어요. 탈탄소 사회로 나아가기 위한 정의로운 전환 대책이 소홀하다는 지적도 피해 갈 수 없었어요.

2023~2030년까지 온실가스 감축 목표
(단위 : 백만 톤 CO2e, 감축량은 전년 대비 감소)

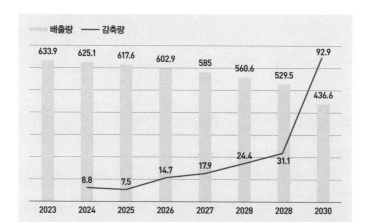

자료: 대통령 직속 2050 탄소 중립 녹색 성장 위원회·환경부

56

탄소 기본 소득이 뭔가요?

탄소 기본 소득은 2021년 '기본 소득 탄소세법'이 발의되면서 알려졌어요. 기본 소득 탄소세법은 온실가스 배출량에 탄소세를 부과하고, 그 세입을 온 국민에게 균등하게 분배하자는 법이에요.

기본 소득이 왜 필요해?

기본 소득이란 정부나 지방자치단체가 노동의 제공과 같은 조건 없이 정기적으로 지급하는 소득을 말해요. 모든 국민을 대상으로 기본 소득을 지급하자는 주장도 있지만, 아직 이 제도를 시행하는 나라는 없는 것으로 알려졌어요. 하지만 잘 생각해 보면 우리나라에서 실시하는 기초 노령 연금이나 일부 지방자치단체에서 농민들에게 지급하는 농민 수당도 노동을 제공한다는 조건 없이 정기적으로 주어진다는 점에서 기본 소득의 일종이라고 말할 수 있어요.

국민에게 기본 소득을 지급하는 이유는 국민 개개인 모두가 인간다운 삶을 살아갈 수 있도록 정부와 지방자치단체가 돕기 위해서예요. 문제는 기본 소득을 지급할 재원을 마련하기 어렵다는 점이에요. 그래서 탄소세를 도입해 이 문제를 해결하자는 주장도 나왔어요.

탄소세는 이미 전 세계적으로 많은 나라에서 도입되었고, 빠르게 확대되고 있어요. 기후 위기의 원인이 되는 탄소 배출은 부자들이 훨씬 많이 하는데, 기후 재해의 피해는 가난한 사람들에게 집중된다는 점에서 탄소세는 사람들의 지지를 얻고 있어요.

지자체와 마을에선
탄소를 어떻게 줄일까요?

57

지방자치단체는
탄소를 어떻게 줄일 수 있나요?

탄소 감축 분야는 크게 산업 부문과 비산업 부문으로 나눌 수 있어요. 산업 부문에서 배출되는 탄소는 중앙 정부가 책임을 지고, 비산업 부문에서 나오는 탄소는 지방자치단체가 관리해요.

지방자치단체에서 탄소 배출량을 감축하려면 건물, 수송(교통), 재생 에너지, 자원 순환 부문에서 탄소를 줄이고, 숲을 확충해 탄소 흡수량을 늘려야 해요. 기후 변화 교육을 강화해 주민들의 적극적인 협력을 끌어내는 것도 중요해요.

그렇지만 각 지방자치단체가 처한 상황에 따라 중점을 둔 사업에는 차이가 있어요. 예를 들어 재생 에너지 생산에 강점이 있는 호남 지방은 태양광, 풍력 발전을 확대하는 계획이 돋보여요. 반면 서울은 건물의 에너지 사용을 줄이고, 차량을 친환경 차량으로 전환하는 방식으로 탄소 배출량을 줄일 수 있어요.

탄소 중립으로 나아가는 도시들

광주는 2035년까지 광주에서 사용하는 모든 전력을 신재생 에너지로 충당하고, 2045년까지는 도시 바깥에서 전력 에너지를 공급받지 않는 탄소 중립 에너지 자립 도시를 실현하려는 계획을 세웠어요. 또 지역의 강점을 살려, 2030년까지 광주의 기업이 사용하는 전력을 모두 친환경 신재생 에너지로 충당해서 온실가스를 45%까지 줄인다는 목표를 설정했어요.

서울시는 도시 안의 모든 건물을 저탄소 제로 에너지 빌딩으로 바꾸고, 서울시에 등록된 내연 기관 차량을 전기와 수소 차량으로 바꿔서 수송 부문에서도 탄소 배출 제로를 달성하겠다는 목표를 내세우고 있어요. 태양광 발전량을 크게 늘리고, 연료 전지 발전을 통해 화석 연료에 기반을 둔 전력을 신재생 에너지 기반 전력으로 전환해 가는 계획도 세웠어요.

58

도시에서도 재생 에너지를 많이 생산할 수 있을까요?

건물의 옥상과 벽면, 주차장 등 쓰지 않는 공간에 태양광 발전 시설을 설치한다면, 도시 안에서도 에너지 자립을 충분히 이룰 수 있어요. 2022년, 환경운동연합이 수도권의 주요 주차장에 태양광 발전 시설을 설치하면 전기를 얼마나 만들 수 있을지(이를 잠재 발전량이라고 불러요.)를 조사해 봤어요. 그랬더니 태양광 발전의 총잠재 발전량은 317,708kW였어요. 이 양은 원자력 발전소 1개의 발전 용량보다 3배나 많은 양이에요.

학교에서도 재생 에너지를 만들 수 있다고?

학교에도 태양광 발전 시설을 설치할 수 있어요. 옥상과 도로에 이웃한 운동장과 주차장 등의 공간을 활용하면 돼요. 바람이 잘 부는 학교라면 운동장 구석이나 건물 옥상에 소형 풍력 발전 시설을 설치할 수도 있어요.

최근에는 건물 벽면에 부착할 수 있는 새로운 태양광 패널도 보급되고 있어요. 이런 태양광 발전 패널을 'BIPV'라고 해요. BIPV는 '건물 일체형 태양광 발전 시스템'이라고도 해요.

BIPV는 색상도 다양하고 가벼운 데다 잘 휘어져서 건축물의 미관을 좋아지게 하는 효과도 있어요. 이런 시설을 적극적으로 도입한다면 학교는 에너지 자립을 넘어서 에너지를 생산하고 판매하는 공간으로 거듭날 수 있어요.

59

마을에서는 어떤 노력을 할 수 있을까요?

기후 위기에 대응하는 길은 화석 연료에 의존하지 않는 사회로 나아가는 거예요. 이를 탈탄소 사회로의 전환이라고 해요. 이 일은 중앙 정부의 일방적인 노력으로 달성할 수 있는 문제가 아니에요. 지방자치단체가 중앙 정부와 협력하고, 마을 사람들의 적극적인 참여가 필요해요.

특히 낡은 건물에 단열 시설을 보강하는 일, 차량을 전기차나 자전거 등 친환경 이동 수단으로 바꾸는 일, 가정이나 마을에서 에너지 생산을 늘리는 일은 마을 사람들의 참여가 필수적이에요. 바람직한 행동을 확산시키는 가장 좋은 방법은 사람들이 서로 격려하고 칭찬하면서 힘을 모으는 거예요.

성대골 에너지 전환 마을

서울의 성대골 마을은 주민들이 주도해서 에너지 자립 마을을 만들어 가고 있어요. 성대골 마을은 '리빙 랩' 프로그램을 통해 마을의 문제를 지역 주민들이 전문가들과 함께 해결해요. 주민들이 생활 현장을 중심으로 실험과 학습에 주도적으로 참여한다는 게 리빙 랩의 핵심이에요. 그래서 생활 연구소라고 불리기도 해요.

　주민들은 우선 해결해야 할 문제를 3가지로 정했어요. 첫 번째, 가정에서 미니 태양광 발전 시설을 설치하는 데 필요한 비용을 마련하는 문제예요. 두 번째는 미니 태양광 발전 시설을 설치하더라도 그에 따른 경제 효과가 높지 않다는 문제가 있어요. 세 번째 문제는 미니 태양광 발전 시설을 설치하는 업체의 신뢰성이 높지 않다는 거예요. 이 세 문제에 답을 찾기 위해 주민들은 기술, 금융, 교육·홍보로 3개 연구 그룹을 만들어서 해결 방안을 찾아 나섰어요.

주민들이 직접 만들고 운영하는 성대골 어린이 도서관

기술 부문에서는 편리하고 새로운 개념의 미니 태양광 제품을 개발하고 설치하는 방법을 찾아냈어요. 금융 부문에서는 '우리 집 솔라 론'이라는 제도를 만들었어요. 우리 집 솔라 론은 서울시와 지방자치단체에서 받는 보조금을 제외하고 사용자가 부담하는 태양광 비용의 전액을 마을의 신협에서 대출받고, 사용자들은 매월 절약된 전기 요금으로 돈을 갚는 방식이에요.

  교육·홍보 그룹에서는 미니 태양광 홍보와 교육 자료를 만들었어요. 주민의 눈높이에서 이해하기 쉽고 친절한 홍보물을 제작하고 미니 태양광 관련 설명회와 워크숍을 진행했어요. 성대골 마을의 리빙 랩 사업은 지역 주민들의 자발적인 참여를 기반으로 저탄소 사회 만들기의 가능성을 보여 준 성공적인 사례였어요.

도시의 온도를
낮춰야 한다고요?

태양 빛을 반사시켜서
온도를 낮춘다고요?

기후 재해 중 우리 건강에 가장 큰 영향을 끼치는 건 폭염이에요. 폭염으로 발생한 인명 피해는 태풍의 10배 이상이라고 알려져 있어요. 그래서 미국에서는 폭염을 조용한 살인자라고 부르기도 해요. 폭염은 도시에서 문제가 더욱 심각한데, 아스팔트와 콘크리트 건물 같은 인공 구조물이 태양 에너지를 더 잘 흡수하고 저장하기 때문이에요. 사람들이 사용하는 에너지양이 많은 것도 이유예요. 그래서 도시의 온도는 항상 교외 지역보다 높아요.

도시의 온도가 높아진 데에는 인공 구조물의 영향이 가장 큰데, 최근에는 이런 문제를 해결하기 위해 여러 기술이 개발되고 있어요.

태양 빛을 반사하는 마법의 페인트

도시의 온도를 낮추는 방법으로 태양 빛의 반사율을 높여주는 기술이 있어요. 기존의 아스팔트 위에 고반사성 도료라고 불리는 특수 페인트를 칠해 주는 거예요. 태양 빛의 절반은 가시광선이고, 나머지 절반 정도는 우리가 눈으로 인식하지 못하는 적외선이에요. 고반사성 도료는 가시광선을 흡수하고 적외선은 반사시켜요. 고반사성 도로를 칠하면 우리 눈에는 보통의 아스팔트로 보이지만, 흡수하는 태양 에너지의 양은 반으로 줄기 때문에 낮에도 도로의 온도가 평소보다 훨씬 낮아져요. 게다가 밤에는 도로에서 대기로 방출되는 지열이 줄어들어서 도시의 열대야 현상도 줄일 수 있어요.

목숨을 구하는 고온 건강 경보 시스템

폭염으로 생기는 피해를 줄이려면 어떻게 해야 할까요? 그 방법 중 하나로 '고온 건강 경보 시스템'이 있어요. 고온 건강 경보 시스템을 잘 구축하면 폭염 단계에 맞춰 인명 구조 활동을 매뉴얼에 따라 재빠르게 시행할 수 있어요. 우리나라의 경우, 기상청의 '폭염 특보'를 예로 들 수 있어요.

고온 건강 경보 시스템이란 폭염 사망률을 줄이기 위해 기상청에서 제공하는 폭염 특보 정보를 기반으로 고온이 인간 건강에 어떤 영향을 미치는지 미리 판단해서 대비하는 체제를 말해요. 다만 우리나라에서는 이 시스템을 잘 구축하고 있지는 않아요.

1995년에 만들어진 미국 필라델피아의 고온 건강 경보 시스템은 기상청의 일기 예보 정보에 근거해 고안된 최초의 시스템이에요. 해외의 다른 도시에서 시행하고 있는 고온 건강 경보 시스템도 이와 비슷한 방식으로 운영돼요.

필라델피아의 기상 조건에 따른 3단계(감시, 주의보, 경보) 발령

행정 부서의 실행
(3단계 수준별로 차별적 대응)

- 기상청의 고온 경보 발령 수준에 따른 공공과 민간 기관의 적정 협력 체제 발동
- 대중 매체를 통해 시민들에게 행동 요령 전달
- 시에서 자원봉사자들에 활동 요청(사전에 조직된 민관 협력)
- 공중 보건 부서의 역할 활성화(근무 인원 증강, 취약 계층 대피 등)
- 전력 회사, 수도국의 역할(요금 미납으로 단절된 취약 계층 가정에 전력과 수돗물 공급)
- 노숙자 특별 대책
- 노인 센터 등 폭염 대피소 연장 근무 돌입

61

건물 옥상에 흰색 페인트를 칠하라고요?

건물 옥상에도 태양 빛 반사율이 높은 흰색 페인트를 칠해서 옥상 표면 온도를 낮출 수 있어요. 흰색은 태양 빛을 흡수하지 않고 반사하거든요. 이를 '쿨 루프'라고 불러요. 쿨 루프라는 단어는 미국 로랜스 버클리 연구소에서 처음으로 사용했어요. 옥상에 식물을 심는 옥상 녹화를 포함해, 건축물의 옥상 온도를 낮출 수 있는 모든 기술을 통틀어 쿨 루프라고 불러요. 하지만 일반적으로 쿨 루프라고 하면 옥상 표면에 흰색 페인트를 칠하는 것을 말해요.

도시 온도를 높이는 가장 큰 요인은 도시의 포장화로 인한

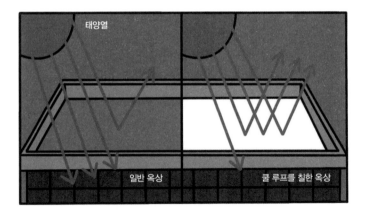

태양열

일반 옥상   쿨 루프를 칠한 옥상

지표면의 온도 상승이에요. 도시의 온도를 낮추려면 땅과 건축물 표면의 온도를 낮춰야 해요. 그런데 도심에는 건축물이 빽빽하게 들어서 있어서 녹지와 연못을 조성하기 어려워요.

그래서 건축물의 옥상 공간이 주목받고 있어요. 최근 일정 규모 이상의 건축물에는 옥상과 벽면에 녹화를 의무적으로 하는 조례를 도입한 지역이 많아지고 있어요. 또 지붕면에 고반사성 페인트를 칠하거나, 물을 많이 머금을 수 있는 소재를 도입하는 방법도 미국과 일본 등의 국가에서 활발하게 사용하고 있어요.

지붕만 바꿔도 시원하다고?

쿨 루프를 도입하면 옥상 표면의 온도가 여름철 한낮에도 20~25℃ 정도에 그치는 것으로 확인됐어요. 부산과 울산에 쿨 루프가 도입된 옥상 표면의 온도를 쟀더니, 여름철 한낮에도 20~22℃ 정도로 온도가 유지됐고, 옥상 아래층 실내 공간의 온도도 4~5℃가 낮아졌다고 해요.

옥상과 벽면에 식물을 심는 옥상 녹화도 도시의 온도를 낮추는 방법 중 하나예요. 건축물에 식물을 심으면 도시 온도를 낮추는 것은 물론이고, 냉난방 에너지도 줄이고 도시의 경관을 살리는 효과도 있어요.

62

저영향 개발이 뭔가요?

저영향 개발(LID)이란, 자연의 물 순환에 미치는 영향을 최소화하면서 도시를 개발하는 것을 말해요. 대도시는 과도한 개발로 콘크리트, 아스팔트 등의 불투수면(물이 통과하지 않는 면)이 차지하는 비율이 지나치게 높아서 비가 내려도 빗물이 지하로 내려가지 못하고 한꺼번에 하천으로 흘러가 버려요. 이러한 문제를 해결하려면 도시 안에 빗물을 저장했다가 평소에 가로수, 공원의 나무 등에 물을 주도록 설계하면 돼요. 우리나라에서는 한국환경공단에서 이 사업을 주도하고 있는데, 이를 '물 순환 선도 도시 사업'이라고 해요.

친환경 도시를 위한 개발

해외에서도 저영향 개발 사례를 찾을 수가 있어요. 미국의 포틀랜드에서는 도시 계획 단계에서 저영향 개발을 도입하도록 의무화하고 있어요. 식물이 도시를 덮는 면적을 넓혀서 태양광의 반사 효과를 10% 정도 높이면, 도시 온도를 약 0.9℃ 낮출 수 있어요. 이와 더불어 냉방 에너지가 줄어서 전력 소비를 2%나 낮추는 효과도 따라온다고 해요. 독일의 리엠도 도시 계획 단계에서 저영향 개발을 반영해요. 이 사업에 드는 비용은 빗물에 요금을 부과하는 '빗물 요금제'를 통해 조달한다고 해요.

빗물 요금제란 비가 흡수되지 않는 아스팔트나 콘크리트 등 불투수 면적에 따라 부과하는 요금이에요. 도시에 불투수면 비율이 높아지면 홍수나 수질 오염 등의 문제를 일으킬 수 있어요. 이런 문제를 해결하기 위해 독일과 미국, 호주 등 해외에서는 오래전부터 빗물 요금제를 실시하고 있어요.

4

우리의 생활은
어떻게 변해야
할까요?

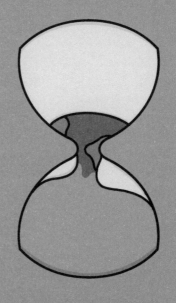

탄소 발자국을 줄이려면
어떻게 해야 할까요?

_____
_____
_____

_____
_____
_____

63

탄소 발자국이 뭔가요?

'탄소 발자국'이란 인간이 살아가는 과정에서 배출하는 이산화탄소나 메탄가스 같은 온실가스의 총량을 말해요. 우리가 사용하고 있는 모든 물건은 생산, 운반, 사용 및 폐기 과정에서 온실가스를 배출해요. 전기, 교통수단, 냉난방 시설을 사용하거나 음식물을 만들 때도 온실가스는 계속해서 나오고 있지요. 이렇게 배출되는 온실가스의 총량을 탄소 발자국이라고 하는 거예요.

그런데 왜 온실가스 발자국이라고 부르지 않고 탄소 발자국이라고 할까요? 그 이유는 온실가스의 대부분을 차지하는 이산화탄소와 메탄에 탄소가 들었기 때문이에요. 즉, 탄소 발자국은 온실가스가 탄소와 관련이 높다는 사실을 강조하기 위한 말이에요.

탄소는 석유, 천연가스, 석탄과 같은 화석 연료나 나무 등의 식물을 태워서 에너지를 얻을 때 발생해요. 모래사장을 거닐면 발자국이 남듯이, 탄소 발자국은 사람들이 살아가면서 남기는 탄소의 흔적인 거예요.

2006년 옥스퍼드 영어 사전에 탄소 발자국이라는 말이 처음으로 소개되었어요. 우리나라에서는 탄소 발자국을 '탄소 성적 표지'라고 불렀어요. 2009년 4월부터 탄소 발자국 표지가 붙은 상품이 나오기 시작했는데, 소비자들이 탄소 발자국이 적은 제품을 선택할 수 있도록 정보를 제공하기 위해서였어요.

환경부에서 제공하는 탄소 성적 표시

일상생활에서 탄소 발자국을 얼마나 남기는지 알고 싶으면 인터넷에 '탄소 발자국 계산기'를 검색하면 계산해 볼 수 있어요. 생활 속에서 배출하는 이산화탄소량을 알아보고, 그 양을 다시 흡수하기 위해서는 얼마나 많은 나무가 필요한지도 확인할 수 있어요.

64

기후 위기와 싸울 수 있는
팁이 있다고요?

세계기상기구는 〈2022 전 지구 기후 상황 보고서〉에서 기후 위기 문제를 해결하기 위해 시민들의 참여가 중요하다고 말했어요. 유엔환경계획 역시 시민들이 적극적으로 참여해야 한다며 '기후 위기와의 전쟁에 도움을 줄 수 있는 10가지 방법'을 강조했고요. 이 방법들은 기후 위기와의 전쟁에서 이기는 10계명이라고 불리기도 해요. 그 내용을 한번 알아볼까요?

기후 위기와의 전쟁에서 이기는 10계명

첫째, 시민들에게 목소리를 내라고 했어요. 개인이 탄소 배출이 적은 삶을 실천하는 것만으로는 부족하다는 거예요. 주변 사람들에게 말을 걸고, 기후 위기 대응 운동에 동참할 수 있도록 함께 목소리를 높여야 더욱 큰 변화를 이끌어 낼 수 있어요.

둘째, 기업체와 정치인을 압박하는 활동을 권했어요. 탄소 배출량의 책임은 대부분 기업체에 있으니, 이들이 탈탄소 생산 활동을 서두르도록 압박을 가하라는 거예요. 탈탄소 사회로 나아가기 위해서 개발 행위를 부추기는 정치인이 아니라, 기후 위기 대응 정책을 우선하는 정치인을 지지하고 투표해야 해요.

세 번째부터 열 번째 항목은 일상생활에서 개인이 실천할 수 있는 내용이에요. 교통수단 바꾸기, 채식 위주로 식단 바꾸기, 푸드 마일리지가 짧은 음식 구매하기 등이에요. 푸드 마일리지란 식재료가 소비자에게 도달할 때까지의 이동 거리를 뜻하는 지표예요.

기후 위기와의 전쟁에서 이기는 10계명

앞서 유엔환경계획은 시민들의 참여 방법으로 '기후 위기와의 전쟁에 도움을 줄 수 있는 10가지 방법'을 제안했다고 설명했어요. 그 내용에는 어떤 것들이 있는지 자세히 알아봐요.

1. 무동력 교통수단 이용을 생활화한다.
   교통 부문에서 탄소 배출량을 줄이는 가장 좋은 방법은 걷기, 자전거 타기 등 무동력 교통수단의 생활화예요.

2. 채식, 제철 음식, 로컬 푸드 중심의 식생활을 유지한다.
   채식 위주의 식습관은 생태계를 보호하고 온실가스를 줄이는 데 크게 기여해요.

3. 여름과 겨울철에 적정한 실내 온도를 유지한다.
   실내 적정 온도는 겨울철에는 18~20℃, 여름철에는 26~28℃로 알려져 있어요.

4. 친환경 제품을 구입하는 습관을 기른다.
   제품을 생산하는 과정에서 탄소를 적게 배출하는 저탄소 제품을 우선 구매하는 습관을 길러요.

5. 나무를 심고 가꾼다.

    소나무 한 그루는 1년 동안 5kg의 이산화탄소를 흡수해요.

6. 재생 에너지 생산에 참여한다.

    아파트에 미니 태양광 패널을 설치하면 연간 1.2톤 이상
    의 이산화탄소가 배출되는 걸 막을 수 있어요.

7. 쓰레기를 줄이고 재활용한다.

    쓰레기 발생을 줄이고, 재활용하는 습관을 들이는 일은
    탄소 배출을 줄이는 행동이에요.

8. 승용차를 멀리하고 대중교통을 이용한다.

    되도록 버스와 지하철을 이용하고, 다른 지역으로 이동
    할 때도 열차와 버스를 이용해요.

9. 전자 제품을 올바르게 사용한다.

    TV, 냉장고, 컴퓨터 같은 전자 제품을 사용하지 않을 때
    는 플러그를 뽑거나 절전형 플러그를 사용하는 습관을
    길러요.

10. 옷을 오래 입는 습관을 들인다.

    의류 산업은 항공 산업 다음으로 오염 물질을 많이 배출하
    며, 이산화탄소 배출량도 전체 배출량의 10%나 차지해요.

자료: 유엔환경계획(UNEF)

물 사용을 줄여도
탄소 발자국이 줄까요?

탄소 발자국과 비슷한 개념으로 물 발자국이라는 개념이 있어요. 물 발자국은 어떤 물건을 생산, 운반, 소비 및 폐기하는 동안 사용되는 물의 총량을 말해요. 그래서 물 발자국값은 우리가 일상생활에서 사용하는 제품을 생산, 소비하는 데 사용되는 물의 양을 뜻해요.

우리는 매일 많은 양의 물을 소비해요. 몸을 씻고 옷을 빨래할 때는 물론, 우리가 소비하는 각종 음식과 물품을 만드는데에도 엄청난 양의 물이 필요해요.

우리가 매일 먹는 쌀 1kg을 생산하는 데는 3,400L의 물이 사용돼요. 커피 한 잔을 만들기 위해선 커피나무를 재배해서 커피 열매를 수확한 뒤 먼 거리를 운송해야 해요. 이 과정에서는 140L의 물이 필요하지요.

지구를 죽이는 패스트 패션

옷 한 벌을 만드는 데에도 엄청난 물이 소비되고 있어요. 청바지가 만들어지는 과정을 생각해 볼까요? 청바지를 만들려면 먼저 목화를 재배하고 수확해 방직 공장으로 운반해야 해요. 공장에서 실과 옷감을 만들면 바지 제조 공장에서 옷감을 구매해서 청바지를 만들어요. 이 과정에 많은 양의 물과 에너지가 소비되지요. 유행에 따라 옷을 자주 사 입고 버리는 습관을 고치면 물 발자국을 줄이는 데 큰 도움이 될 거예요.

패스트푸드처럼 빠르게, 대량으로 유통되는 옷을 '패스트 패션'이라고 불러요. 1년 동안 전 세계에서 생산하는 옷의 양은 5천만 톤이 넘어요. 이는 중생대에 지구와 충돌해 공룡의 멸종을 가져온 소행성보다도 무거운 무게라고 해요. 유행에 따라가기 위해 아무렇게나 옷을 소비하고 버린다면 물과 자원은 한정 없이 낭비될 거예요.

지구를 위해 사 먹는 생수를 줄이자

물 발자국을 줄이려면 어떻게 해야 할까요? 우선 생수를 마시지 않는 습관을 들여야 해요. 먹는 생수 2리터를 만드는 데에는 238~258g의 이산화탄소가 발생하는데, 이는 수돗물 2리터를 만들 때 배출되는 양보다 760배나 많아요. 더욱이 2리터 생수를 담는 페트병을 만들려면 500ml의 석유가 필요해요. 하이브리드 차량의 경우 휘발유 1L면 약 20km를 이동할 수 있어요. 생수를 마시면 웬만한 차량보다 더 많은 석유를 소비하는 셈이에요. 우리나라에서 1년 동안 생수에 소비되는 석유의 양은 1,700만 배럴에 이른다고 하는데, 이 양은 자

동차 100만 대가 주유할 수 있는 양이에요. 미국의 샌프란시
스코 의회는 이런 사정을 고려해 2014년에 공공장소에서 생
수 판매를 금지하는 법안을 통과시켰어요.

66

식단을 채식으로
바꾸는 게 중요하다고요?

1년 동안 배출되는 온실가스 총량의 18~20%는 축산업에서 나온다고 해요. 축산업은 메탄, 아산화질소, 이산화탄소, 블랙 카본 등 다양한 온실가스를 배출해요. 육식은 채식보다 토지가 약 18배나 더 필요하다고 해요. 더구나 세계 인구가 계속 증가하면서 육류 소비도 늘고 있는데, 지구상의 농경지는 한정되어 있어요. 이젠 숲을 불태워서 축산에 필요한 목초와 곡물을 생산하는 지경까지 왔어요. 이렇게 숲을 불태워서 얻는 땅을 화전이라고 하는데, 이 과정에서 많은 양의 이산화탄소와 블랙 카본이 발생해요. 사료용 곡물과 목초를 생산할 때도 화석 연료로 만든 비료가 사용되고, 농기계를 사용할 때도 화석 연료가 소비돼요.

육식이 가져온 기후 위기

경작지에 뿌리는 질소 비료는 이산화탄소보다 훨씬 강력한 온실가스인 아산화질소를 발생시켜요. 축산업에서 배출되는 아산화질소는 농업 부문에서 배출되는 전체 배출량의 65%에 달해요. 그런데 축산업에서 배출되는 가장 중요한 온실가스는 메탄가스예요. 메탄은 같은 양의 이산화탄소에 비해 온실 효과가 20배 이상이나 돼요. 메탄은 이산화탄소에 이어 지구 온난화에 끼치는 영향이 두 번째로 높은 온실가스예요. 그래서 앞으로 기후 위기를 더욱 악화시키는 데 큰 역할을 할 것이라 평가받고 있어요.

메탄은 소, 양처럼 되새김질하는 가축의 소화 과정이나 가축의 분뇨에서 발생해요. 그래서 국제기구에서는 2050 탄소 중립을 달성하는 방법의 하나로 채식을 권장하며, '저밀도 식생활로의 전환'이라는 표현을 썼어요.

지구를 구하는 채식

프랑스는 '급식도 교육이다'라는 기치 아래, 2019년 11월부터 전국 학교에서 주 1회 이상 채식 급식을 제공하고 있어요. 미국의 뉴욕은 '더 건강한 어린이, 더 강해지는 지구'라는 슬로건을 정하고, 학교에서 주 1회 채식 급식을 해요. 스웨덴도 80%가 넘는 학생들이 채식에 동참한다고 해요. 2019년 기준으로 우리 국민의 1인당 육류 섭취량은 1일 170g인데, 이는 영국보다 많은 양이에요. 170g이라는 섭취량은 전 국민 평균값이기 때문에 청소년, 중장년층의 육류 소비량은 더 많을 거예요.

67

채식 외에 탄소 배출을 줄이는 식습관이 또 있나요?

탄소 배출이 적은 식사 방법은 채식만 있는 게 아니에요. 로컬 푸드와 제철 식재료로 만든 음식을 먹는 식습관 역시 중요해요. 패스트푸드를 멀리하고, 슬로푸드를 먹는 노력을 통해 탄소를 줄일 수 있어요.

가까운 곳에서 생산된 식재료 먹기

로컬 푸드 운동은 식재료를 수입하거나 멀리 떨어진 타지에서 구하지 않고, 자신이 살고 있는 지역에서 생산된 식재료를 먹는 운동이에요. 로컬 푸드 운동은 안전한 음식을 먹고 싶다는 희망에서 시작되었어요. 이런 점에서 로컬 푸드 운동은 유기 농업을 떠나서는 생각할 수 없어요.

지금 상점에 천 원짜리 수입품과 이보다 2~3배 비싸지만 생산자 확인이 가능한 유기농 채소가 나란히 진열되어 있다고 생각해 봐요. 어느 쪽을 선택할지는 소비자의 의식과 경제 사정에 달려 있을 거예요. 하지만 다소 부담이 되더라도 해당 지역에서 생산된 식재료와 유기 농산품을 우선 구매한다면 폐기물의 발생을 줄이고, 나아가 소비자가 보다 싼 가격으로 안전하고 건강한 제품을 구매하는 토대를 마련할 수 있어요.

제철 식재료 먹기

제철 식재료를 먹는 것도 로컬 푸드 운동의 일종이에요. 우리나라는 4계절이 존재하기 때문에 계절에 맞는 제철 식재료를 즐길 수 있어요. 하지만 오늘날 시장에 가면 계절에 상관없는 온갖 채소와 과일이 진열되어 있어요. 식당에서도 1년 내내 같은 종류의 식재료로 만든 메뉴를 제공할 수 있게 되었고요. 우리의 식단은 예전보다 훨씬 풍요로워졌지만, 이런 상황을 마냥 기뻐할 수만은 없어요.

계절에 상관없이 생산되는 식재료는 비닐하우스에서 재배된 게 많아요. 자연의 섭리를 거슬러 인공적으로 재배한 식재료는 많은 에너지가 필요하고, 농약과 비료도 많이 사용돼요. 게다가 농약이 빗물에 씻겨 나가기 어렵고, 햇빛에 노출되지 않기 때문에 농약이 잘 분해되지도 않아요.

비닐하우스 재배 농산물은 제철 농산물보다 영양분이 적다는 점도 간과할 수 없어요. 더운 여름에 나오는 오이나 수박은 몸의 열기를 낮춰서 건강에 도움을 주지만, 겨울에 먹으면 오히려 역효과를 낼 수 있다고 해요. 이렇듯 제철 음식일수록 우리 신체에 더 적합해요.

슬로푸드 실천하기

슬로푸드 운동은 편리함과 빠름을 앞세우는 패스트푸드에 대항해 나온 운동이에요. 1986년 로마의 스페인 광장에 패스트푸드의 대명사인 맥도널드가 문을 열자, 이탈리아 북부 피에몬테주의 언론인 페트리니 카를로스가 슬로푸드 운동을 처음 시작했어요. 슬로푸드 운동은 유럽과 미국을 중심으로 확산됐는데, 오늘날엔 100개 이상의 나라에 협회와 운동 본부가 생겼을 정도로 활발한 활동을 이어 가고 있어요.

패스트푸드는 빠른 조리를 위해 맛을 획일화하고 뒷정리가 필요 없는 편리함을 추구해요. 반면 슬로푸드는 충분한 시간을 갖고 즐기는 식사의 소중함과 다양한 맛이 주는 즐거움을 추구하지요. 슬로푸드는 이런 점에서 전통 음식의 보존을 지향해요.

슬로푸드 운동은 식재료의 안전 문제도 중요하게 여겨요. 현대 음식의 식재료는 자연 재배가 아니라 대부분 하우스 같은 인공 시설에서 재배되고 있어요. 또한 유전자 조작 식물(GMO) 종자를 사용하는 등 산업화된 농업에 의존해서 안전성을 보장할 수 없어요. 슬로푸드 운동은 패스트푸드가 추구하는 대규모 기업형 농업에 반대하고, 소규모 농사를 짓는 생산자를 우선한다는 점에서 착한 먹거리라고도 불려요.

68

'**업**사이클링'이란 '높이다'라는 뜻을 가진 'Upgrade'와 '재활용하다'라는 뜻을 가진 'Recycling'의 합성어예요. 업사이클링은 재고품에 새로운 디자인을 입히거나 제품의 활용 방법을 바꿔서 새로운 가치를 지닌 제품으로 만든다는 의미를 지니고 있어요. 이 점에서 업사이클링은 중고 제품을 그대로 쓰거나, 수선해서 원래의 용도대로 재활용하는 '리사이클링', '재활용'과는 구별되는 개념이에요.

인천의 '코스모40'. 코스모 화학 공장 부지를 업사이클링 해서 복합 문화 공간으로 재탄생시켰어요.

요즘은 오랜 기간 방치된 폐공장이나 빈집을 고쳐서 만든 카페를 쉽게 볼 수 있어요. 이런 경우도 업사이클링의 사례라고 볼 수 있어요.

청바지도 업사이클링의 대표적인 예 중 하나에요. 청바지는 미국의 서부 개척 시대에 폐천막을 이용해 바지를 만들어 입은 것에서 탄생했어요. 최근에도 중고 의류를 모아서 새 옷이나 가방을 만들고, 폐현수막과 버려지는 자투리 천, 폐목재 등에 디자인을 입혀서 새로운 제품으로 탈바꿈시키는 제품이 많이 나오고 있어요.

해외에서는 업사이클링이 새로운 소비 트렌드로 자리 잡은 지 오래되었어요. 세계적인 디자인 행사로 유명한 '런던 디자인 페스티벌'은 이미 약 10년 전인 2012년에 그해의 트렌드로 업사이클링을 선정했다고 해요. 우리나라도 최근 업사이클링을 브랜드 가치로 내건 상품들이 많이 나오고 있어요.

업사이클링은 집에서도 충분히 실천할 수 있어요. 못 쓰는 티셔츠를 에코백으로 만든다거나 빈 깡통으로 화분을 만드는 것도 업사이클링을 실천하는 방법이에요.

나도 기후 위기 운동에
참여할 수 있을까요?

69

태양광 발전 시설을 설치하면 탄소를 줄일 수 있을까요?

미니 태양광 발전이란 아파트 발코니에 간단히 부착해 사용하는 소규모 태양광 발전 시설이에요. 설치와 사용이 간편하고 이사할 때도 쉽게 해체해서 가져갈 수 있어 가전제품처럼 사용이 가능해요. 오늘날 널리 사용되는 미니 태양광 발전 패널은 넓이가 약 $1.7m^2$, 전력 생산 용량이 350W 정도인 게 일반적이에요. 이것보다 가격이 비싸지만 같은 크기에 500~600W의 전력 생산 용량을 가진 패널도 있어요.

태양광 발전기로 탄소를 얼마나 줄일 수 있을까?

1시간에 350W의 전력을 생산하는 패널 1장을 가정에 설치했을 경우, 태양광 패널이 실제 전력을 생산할 수 있는 시간은 하루에 약 3.5시간 정도예요. 날이 흐리거나 아파트 발코니가 태양 빛을 충분히 받을 수 있는 조건이 아닐 가능성도 고려해서 계산한 값이에요. 이 경우 1년 동안 생산할 수 있는 전력은 450kWh 정도예요. 이 양은 가정에서 대형 냉장고와 TV가 1년 동안 소비하는 전력량을 합한 것과 비슷해요. 1kWh는 1kW의 전력을 가진 제품을 1시간 동안 사용했을 때의 전력량이에요.

태양광 발전을 통해 전력 1kWh를 생산하는 데는 20g의 이산화탄소가 배출된다고 해요. 이는 태양광 패널을 제조하고 폐기할 때 발생하는 탄소 배출량을 반영한 거예요. 따라서 미니 태양광으로 1년 동안 450kWh의 전력을 생산하면 이산화탄소는 약 9kg 정도 배출돼요.

이에 비해 화석 발전 시설로 전력 1kWh를 생산하는 데는 약 459g의 이산화탄소가 배출돼요. 전력 450kWh를 사용한다고 가정하면 약 220kg의 이산화탄소가 배출되는 거예요.

결과적으로 가정에 미니 태양광 패널 하나를 설치하면 1년에 약 200kg의 이산화탄소를 줄일 수 있어요. 30년생 소나무 한 그루가 1년 동안 흡수할 수 있는 이산화탄소가 약 5kg인 걸 생각하면, 미니 태양광 1개를 설치하면 30년생 소나무 40그루를 심는 효과를 얻을 수 있어요.

70

청소년도 재생 에너지 발전에 투자할 수 있을까요?

1992년 리우 유엔 환경 회의를 계기로, RE100 시민 클럽 운동이 시작되었어요. 지속가능발전협의회의 주도로 시작된 이 운동은 재생 에너지 전환에 시민들이 주도적인 역할을 하는 게 목표예요.

우리나라에서 1년간 배출되는 온실가스 총량은 약 7억 톤인데, 이 중에서 약 20%는 생활·교통 분야에서 배출돼요. RE100 시민 클럽은 생활과 교통 부문에서 온실가스를 줄이는 일에 적극적으로 나서자고 주장해요. 국가와 기업을 중심으로 진행되던 기존 캠페인의 성격을 탈피해서 개인이 주도적으로 참여하고, 서로에게 구체적인 역할을 부여해서 앞으로 나아가자는 거예요. 또 이들은 화석 연료에서 얻는 에너지를 재생 가능한 에너지로 완전히 전환하기 위한 실천 목표를 세웠어요.

모두가 함께하는 시민운동

RE100 시민 클럽엔 누구나 참여할 수 있어요. 참여 등급은 총 4단계로 나뉘어요. RE100 시민 클럽 취지에 동의하고, 전환 의지를 가진 시민은 '화이트 등급', 재생 에너지 생산 1kW 이상 2kW 미만 설비를 설치한 시민은 '옐로 등급', 2kW 이상 5kW 미만인 설비를 설치한 시민은 '그린 등급', 5kW 이상인 설비를 설치한 시민은 '블루 등급'을 부여받아요. 재생 에너지 생산 설비를 설치하지 않아도 에너지 협동조합에 참여하는 방식으로 목표를 달성할 수도 있어요.

청소년들도 에너지 협동조합에 회원으로 가입하거나, 협동조합에서 발행하는 펀드를 구매하는 방식으로 재생 에너지 생산에 동참할 수 있어요. 협동조합의 대부분은 청소년들이 용돈을 아껴서 참여할 수 있도록 가입비를 적은 금액으로 책정했어요.

71

전기 차를 타면
정말로 탄소를 줄일 수 있을까요?

화석 연료를 연소시켜서 얻는 에너지를 1차 에너지라고 해요. 태양광, 풍력 등 재생 에너지로 얻는 에너지를 2차 에너지라 하고요. 오늘날 에너지 소비량에서 2차 에너지가 차지하는 비중은 1/3 정도이고, 나머지는 모두 화석 에너지예요. 우리가 탄소 중립을 달성하려면 탄소 배출량이 적은 2차 에너지를 늘려야 하는 거예요. 즉, 내연 기관 차량은 시간이 걸리더라도 2차 에너지를 사용하는 전기나 수소 차량으로 바꿔야 해요.

화석 연료로 달리는 전기 차

전기 차량을 이용하면 정말로 탄소 발생을 줄일 수 있을까요? 그건 어떤 전기를 사용하느냐에 달렸어요. 무슨 말이냐고요?

우리나라에선 석탄 발전소 비중이 높아서 1kWh의 전기를 생산하는 데 평균 약 459g의 이산화탄소가 발생해요. 1kWh의 전기로 전기 차량을 운행한다면 5.5km를 달릴 수 있어요. 전기 차로 1km를 달리면 약 84g의 이산화탄소가 배출되는

셈이에요. 연료와 전기를 둘 다 사용하는 하이브리드 차량은 1km 주행에 약 79g의 이산화탄소를 배출해요. 수소와 산소를 반응시켜 전력을 얻는 수소 차량은 1kWh의 전기로 물 분해를 하면 17.3g의 수소 분자를 얻을 수 있고, 이것으로 1.7km를 이동할 수 있어요. 1km를 주행하는 데 약 270g의 이산화탄소가 나오는 거예요. 그렇다면 휘발유를 사용하는 내연기관 차량은 어떨까요? 배기량 2천 CC급 중형 차량을 기준으로 1km를 달릴 때 이산화탄소가 약 130g 배출돼요.

전기 차가 친환경 차가 되려면?

조사 결과를 보면 애초에 온실가스를 직접적으로 배출하지 않는다고 알려진 것과는 달리, 전기 차 역시 온실가스를 배출하고 있다는 걸 알 수 있어요. 게다가 수소 차량의 경우 내연 기관 차량보다 이산화탄소를 더 많이 배출하고 있고요. 이런 문제를 해결하기 위해서는 어떻게 해야 할까요?

전기 차는 말 그대로 전기를 동력으로 움직여요. 전기 차가 기후 위기 시대의 대안이 되려면, 전기 차를 충전할 때 사용하는 에너지도 재생 에너지로 만들어야 하는 거예요. 정부와 기업이 재생 에너지를 확대하고, 적극적으로 에너지 전환을 이루면 교통 부문에서도 온실가스를 감축할 수 있을 거예요.

72

기후 위기는 매년 더 심각해지고 있어요. 하지만 정부와 국회의 대응은 부족하기만 해요. 이런 상황에서 우리는 어떤 일을 할 수 있을까요? 우선 생활 속에서 탄소 발자국을 줄이는 일은 바로 실천할 수 있어요. 하지만 생활 부문에서 배출되는 온실가스를 줄이는 것만으로 기후 위기를 막는 건 현실적으로 불가능한 일이에요. 석탄 발전소에서 전기를 만들고, 휘발유로 움직이는 차가 도로를 달리고, 공장에서 온실가스를 계속해서 내뿜는다면 우리의 노력은 허사가 되고 말아요.

모두가 기후 시민이 되어야 할 때

기후 위기에 제대로 대응하려면 사회 구조에 근본적인 변화가 있어야 해요. 시민들이 의회와 정부에 적극적으로 목소리를 내고, 정치의 주체로서 행동에 나서야 하는 거예요. 사회의 근본적인 전환을 이뤄 내려면, 경제가 성장하는 것보다 자연과 공생하고 안전을 우선하는 사회가 되도록 요구할 수 있어야 해요.

이미 해외 여러 나라에서는 다양한 시민 단체를 만들어 기후 위기 대응을 요구하는 시민들이 많아지고 있어요. 우리나라에서도 2022년 9월, 정치권이 기후 위기 문제에 적극적으로 나설 것을 요구하기 위해 전국에서 수만 명의 사람이 광화문 광장에 모였어요. 이처럼 기후 위기에 대응하고, 정부에 적극적으로 목소리를 내는 시민들을 '기후 시민'이라고 해요.

정치인은 유권자의 거울이라는 말이 있어요. 선출되는 정치인은 유권자의 욕구를 반영한다는 말이에요. 시민들이 안전한 사회를 원한다는 뜻을 분명하게 전달하고, 거기에 호응하는 정치인에게 투표한다면 사회 구조를 변화시킬 수 있을 거예요.

73

멸종 저항은
왜 결성되었나요?

'**멸종** 저항'은 기후 대책을 요구하는 환경 단체로, 2018년 영국에서 시작되었어요. 이들은 인간을 포함한 지구 생태계의 멸종을 막기 위한 대책을 수립하는 데 소극적인 정부와 의회에 강하게 저항하는 것을 목표로 해요. 멸종 저항은 정부를 향해 '기후 위기를 선언할 것', '생태계 다양성 손실을 막기 위해 2025년까지 온실가스 감축을 통해 탄소 중립에 도달할 것', 그리고 '기후와 생태 정의 실현을 위한 시민 의회를 창설할 것'을 요구해요. 멸종 저항 단체가 결성된 나라는 총 80개가 넘어요.

우리나라에도 2020년에 '멸종 저항 서울'이 창설되었어요. 멸종 저항 서울은 우리나라가 석탄 화력 발전소에 계속 투자하고 있다고 지적했고, 기후 변화 대응을 위한 구체적인 방안은 없고 산업에만 초점을 맞춘 정부의 그린 뉴딜 정책에 대해 비폭력 저항 운동을 펼쳤어요.

지금은 지구의 비상 상태

멸종 저항의 홈페이지를 방문하면 메인 화면에 'This is an

Emergency', 우리말로 '지금은 비상 상태'라는 글이 나와요. 그 아래에는 '우리에게 시간이 얼마 남지 않았지만 정부는 대처하지 않고 있다', '이 문제를 바로잡기 위해 멸종 저항 단체를 결성했다' 등의 문장이 쓰여 있어요. 그 아래를 보면 조금 더 작은 글씨로, '정치 성향과 상관없이 우리는 행동해야 할 도덕적 의무가 있다'라고 쓰여 있고요. 이 문장들을 보면 멸종 저항이 왜 결성됐는지 그 이유를 알 수 있겠죠?

독일 뮌헨에 모인 멸종 저항 활동가들

74

기후 정의가
뭐예요?

온실가스는 돈이 많은 부자들이 배출하는 양이 압도적으로 많아요. 그런데 기후 위기로 발생하는 재해는 가난한 나라 사람들과 다음 세대에 더 큰 피해를 줘요. 문제를 만든 사람과 피해를 입는 사람이 다르다면, 그건 올바르지 않은 일이겠죠? 다시 말해 정의롭지 못한 거예요. '기후 정의'는 기후 문제를 만든 사람이 문제 해결에 적극적으로 나서고, 실제로 피해를 보는 사람들에게 합당한 보상을 제공해야 한다는 인식에서 시작된 개념이에요. 기후 위기 문제를 논할 때 청소년의 목소리를 중요하게 받아들여야 하는 이유도 기후 정의에서 찾을 수 있어요. 최근에는 기후 정의를 인식하고 실천하는 사회 운동이 전 세계에 번져 가고 있어요. 이를 '국제기후정의네트워크(CJN)'라고 해요.

국제기후정의네트워크

국제 사회에서 기후 정의 운동이 모습을 드러낸 건 2002년 인도네시아의 발리에서였어요. 유럽, 북미, 남미, 아시아, 아프리카 등 세계 각지에서 모인 시민운동가들이 27개 항목에 이르는 '발리 기후 정의 원칙'을 만들었어요. 2007년에 같은 지역에 서 개최된 기후 변화 협약 당사국 총회 일정에 맞춰 모인 수많 은 단체와 조직은 기후 정의를 주장하는 다양한 활동을 펼쳤 어요. 이 과정에서 기후 재해 피해를 겪고 있는 공동체, 토착 민, 여성, 소규모 영농을 하는 농민 및 이들과 연대하는 여러 사회 운동 단체가 기후정의네트워크라는 국제 연대 조직을 결 성했어요.

기후정의네트워크는 다음과 같은 해결책을 주장하고 있어요.

국제기후정의네트워크가 제안한 해결책

- 엘리트층의 과도한 소비 억제
- 역사적 책임과 환경 훼손에 기초해, 북반구(선진국)에서 남반구(개발 도상 국)로 대규모 재정 지원
- 화석 연료 채굴 중단, 숲 개간 및 개간의 근본적인 원인 제거
- 공동체 주도의 재생 에너지 생산, 대중교통에 투자 확대와 에너지 전환 이행
- 원주민의 토지 권리를 강화하고 에너지, 삼림, 토지, 물 등 천연자원에 대한 주권 보장과 자원 보존
- 지속 가능한 가족 농업과 식량 주권 이행
- 생산과 소비를 재지역화하고 지역 시장을 우선할 것
- 원전과 '청정 석탄'과 같은 잘못된 해결책을 포기하고, 산업 전환으로 피해를 보는 노동자와 사람들의 권리 보호
- 젠더 부정의를 인식하고, 여성을 정책 결정 과정에 참여시켜 젠더 정의 보장

자료: 국제기후정의네트워크(CJN)

소비자도 기후 운동에 참여할 수 있다고요?

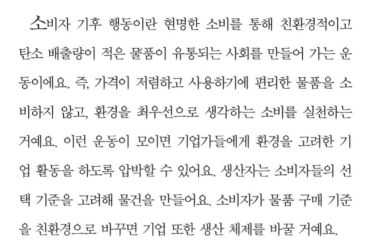

　소비자 기후 행동이란 현명한 소비를 통해 친환경적이고 탄소 배출량이 적은 물품이 유통되는 사회를 만들어 가는 운동이에요. 즉, 가격이 저렴하고 사용하기에 편리한 물품을 소비하지 않고, 환경을 최우선으로 생각하는 소비를 실천하는 거예요. 이런 운동이 모이면 기업가들에게 환경을 고려한 기업 활동을 하도록 압박할 수 있어요. 생산자는 소비자들의 선택 기준을 고려해 물건을 만들어요. 소비자가 물품 구매 기준을 친환경으로 바꾸면 기업 또한 생산 체제를 바꿀 거예요.

소비자가 바뀌어야 기업이 바뀐다

　우리나라 기업들도 소비자들의 요구에 맞춰 서서히 바뀌고 있어요. 기업의 사회적 책임(CSR)의 방법 중 하나로, 환경 보전 활동 참여 상황 등에 관한 정보를 공개하거나 환경 보호 활동에 기부를 하는 기업도 생겼어요. 시민 활동을 지원하거나 협력하는 등 적극적으로 환경 문제에 기여하는 기업이 많아졌는데, 이런 변화는 시민들이 소비자 운동을 통해 이룬 성과라 할 수 있어요.

청소년기후행동은
어떤 활동을 하나요?

해외에서는 청소년들의 기후 활동이 아주 활발해요. 청소년기후행동은 학생들의 국제적인 시위로, 주로 수업을 듣는 것을 집단적으로 거부하는 동맹 휴학의 형태로 참여할 수 있어요. 기후 위기 대응에 정부와 의회가 적극적으로 나서도록 촉구하는 것이 이들의 목표예요. 2018년 8월, 고등학교 1학년이던 그레타 툰베리가 스웨덴 의회 밖에서 '기후를 위한 학교 파업'이 쓰인 플래카드를 들고 시위한 것이 계기가 되었어요.

우리나라도 같은 해 기후 위기 대응에 목소리를 내고 변화를 만들어 나가기 위해 청소년들이 모여 청소년기후행동을 만들었어요. 청소년기후행동은 기성세대의 원인으로 발생한 기후 재난의 가장 큰 피해 당사자는 청소년과 청년들이라고 말하며, 자신들이 기후 위기 문제에 목소리를 내고 행동하는 건 당연한 일이라고 주장해요.

우리나라의 청소년기후행동

우리나라의 청소년기후행동은 2019년 3월에 전 세계 청소년 기후 운동 연대인 '미래를 위한 금요일'과 손을 잡고 결석

시위를 하는 것으로 본격적인 활동을 시작했어요. 2020년 3월에는 '정부의 불충분한 기후 대응이 청소년의 생존권, 환경권, 인간답게 살 권리, 평등권 등의 기본권을 침해한다'고 주장하며, 기후 헌법 소원을 청구해 국가 온실가스 감축 목표를 강화하도록 요구했어요. 청소년기후행동의 행보는 다음과 같이 요약할 수 있어요.

청소년기후행동의 행보

- 정부가 기후 위기의 시급성을 인식하여, 파리 협정에서 추구하는 1.5℃ 시나리오를 달성할 수 있는 실질적인 정책을 수립하도록 촉구
- 기후 위기의 피해 당사자인 청소년이 기후 문제 해결의 주체로서 목소리를 모으고 확산하는 활동
- 기후 위기가 불러일으킨 사회 전반의 불평등에 주목하여, 기후 위기로 무너질 삶과 권리가 나의 일이 될 수 있음을 인지하고 이에 적극 대처

77

기후 소송에서
이길 수 있을까요?

기후 소송은 국가가 기후 변화로 발생하는 치명적인 위험을 알고 있으면서도 온실가스를 감축하려는 노력을 게을리한 점에 대해 법적인 책임을 묻기 위한 소송이에요.

기후 위기 문제에 대한 정부의 미흡한 대응으로 가장 큰 피해를 보는 건 청소년과 아기들이에요. 이들이 성인이 되면 기후 위기 문제가 걷잡을 수 없이 심각해질 테니까요. 그래서 청소년들은 기후 위기가 더 심각해지기 전에 문제를 바로잡아 달라고 헌법 재판소에 호소하고 있어요. 정부가 기후 위기에 안일하게 대응한다면 헌법이 보장하고 있는 국민의 기본권을 침해하는 거라 볼 수 있어요. 하지만 몇 년이 지나도 우리나라 헌법 재판소에선 판결을 내리지 않는 상황이에요. 기후 위기 소송단은 헌법 재판소에 판결 절차를 서둘러 달라고 요구하고 있어요.

점점 늘어나는 기후 소송

세계적인 연구 기관인 런던 정경 대학의 그래덤 기후 변화·환경 연구소에 따르면, 전 세계에서 2022년까지 진행 중이거나 판결이 나온 기후 소송은 2천 건이 넘는다고 해요. 이는 2015년에 집계된 것보다 2배 늘어난 수치예요.

기후 소송이 제기된 국가는 40개 나라가 넘는데, 그중 소송 건수가 가장 많은 나라는 미국으로, 전체 소송 건수의 약 3/4을 차지해요. 미국 다음으로 소송이 많이 제기된 곳은 유럽이었으며, 약 600건 정도예요. 이외에도 남미와 중남미, 아시아, 아프리카 등 다양한 지역에서 기후 소송이 제기되고 있어요. 미국 이외의 지역에서 제기된 소송 중 판결이 나온 건 약 450건인데, 소송단에 유리한 판결이 내려진 사례는 245건에 이르렀다고 해요.

그동안 전 세계에서 제기된 기후 소송은 다음과 같은 공통점이 있어요. 첫 번째, 파리 협정 1.5℃ 목표에 대한 국가의 역할과 책임을 강조하고 있어요. 두 번째는 석탄 발전소를 시작으로 각종 화석 연료 사용 발전소의 폐지를 주장해요. 세 번째는 정부의 기후 위기 대응 정책의 강화와 기후 위기에 대한 시민들의 인식 확산을 호소해요. 네 번째는 정부나 기업처럼 탄소 배출 감축에 큰 역할을 해야 할 집단의 행동 변화 등 광범위하고 빠른 사회적 변화를 일으키고자 해요.

아기 기후 소송단이 있다고?

우리나라에서는 2020년 3월 청소년기후행동의 헌법 소원

을 시작으로, 지금까지 4건의 기후 소송이 제기되었어요. 그 중 '아기 기후 소송'이 전 세계인의 관심을 받았어요. 만 5세 미만의 아기들이 청구인으로 소송에 참여한 거예요. '딱따구리'라는 태명의 20주 차 태아가 대표 청구인이었고, 5세 이하 아기 39명, 6세에서 10세 이하 어린이 22명이 청구인으로 이름을 올렸어요.

그린 워싱이
왜 나쁜가요?

'그린 워싱'이란 친환경을 의미하는 '초록색(Green)'과 '분칠 (White washing)'의 합성어예요. 그래서 그린 워싱을 녹색 분칠이라고 부르기도 해요. 그린 워싱은 기업체들이 실제로는 환경에 악영향을 끼치는 제품을 만들면서 친환경적인 이미지를 내세우는 행위를 말해요. 그린 워싱은 환경에 관한 소비자들의 관심이 늘자, 기업들이 너도나도 친환경 마케팅을 내세우면서 생겨난 현상이에요. 최근에는 상품 제작에서부터 광고, 판매 등 전 과정에 걸쳐서 친환경적인 이미지를 제품에 덧씌우는 사례가 빠르게 늘고 있어요.

그린 워싱에 속지 않으려면 세심한 관심을 기울여야 해요. 캐나다의 친환경 컨설팅 기업인 '테라초이스'는 그린 워싱을 판별해 내는 7가지 기준을 제시했어요.

그린 워싱은 기업체에만 한정되지 않아요. 환경을 훼손하는 행위를 친환경이라고 포장하는 지방자치단체나 중앙 정부의 나쁜 정책도 그린 워싱에 해당해요.

테라초이스가 제시한 '그린 워싱을 가려내는 7가지 기준'

1. 부정적인 효과 감추기: 친환경적인 속성만 강조하고, 그 속에 들어 있는 역작용은 감추는 행위를 말해요.

2. 근거가 결여된 홍보: 증거가 불충분하거나 검증되지 않은 것을 친환경 이라고 억지 주장하는 경우를 말해요.

3. 애매모호한 주장: 너무 광범위하거나 오해를 부를 수 있는 단어를 사용 하는 경우에 해당해요.

4. 관련성 없는 주장: 제품의 내용물과 관계없는 것을 가지고 친환경 제품 이라 주장하는 경우예요. 플라스틱 생수병 마개에 생분해성 플라스틱 을 사용한 제품을 예로 들 수 있어요.

5. 유해 상품의 정당화: 다른 제품에 비해 친환경적이라고 주장하는 경우 를 말해요.

6. 거짓 광고: 제품의 특성과 무관한 거짓말로 제품을 홍보하는 경우를 말 해요.

7. 부적절한 인증 라벨: 공신력 있는 기관으로부터 인증을 부여받은 것처 럼 위장하거나, 엉터리 기관이 남발하는 가짜 인증 라벨을 홍보에 사용 하는 사례에 해당해요.

녹색 소비자를 속이는 그린 워싱

기업은 소비자가 제품을 구매할 때 가장 우선하는 기준이 무엇인지 알기 위해 촉각을 곤두세우고 있어요. 소비자들이 가격을 우선한다면 가격이 저렴한 제품을 출시하고, 오래 사용할 수 있는지를 우선한다면 튼튼한 제품을 개발하는 데 심혈을 기울여요. 소비 트렌드가 친환경과 탄소 배출량에 있다면 그에 부합하는 제품을 생산할 거예요. 이처럼 친환경 제품

구매를 우선하는 사람들을 '녹색 소비자'라고 부르고, 그러한 운동을 다른 사람에게 권하는 행동을 '녹색 소비자 운동'이라고 해요.

　그런데 기업체가 소비자들을 속이려고 제품 정보를 엉터리로 제공한다면 녹색 소비자 운동을 제대로 실천할 수 없겠죠? 이처럼 그린 워싱은 녹색 소비자 운동을 방해하고, 친환경 제품의 신뢰도를 떨어뜨려요.

참고한 자료

- 《기후변동 +2℃》, R. Yoshimoto, Diamond Press, 2006
- 《기후변화학》, 이창석 외 지음, 라이프사이언스, 2011
- 《기후위기 과학특강 : "도와줘요, 기후 박사!"》, 김해동 지음, 한티재, 2021
- 《도시 열섬》, 모리야마 마사카즈 외 지음, 김해동 외 옮김, 푸른길, 2011
- 《물 따라 바람 따라 바다 흐름의 비밀》, 전동철 지음, 지성사, 2022
- 《지구 온난화 시대의 이상 기상》, M. Yoshino, SEIZANDO Press, 2010
- 《환경 기후학》, T.Mizukoshi 외 지음, 김해동 외 옮김 계명대학교 출판부, 2011
- 《환경대기과학》, 김경익 외 지음, 동화기술, 2015

기후 위기를 넘는 시민의 힘

오늘부터 나는 기후 시민입니다

초판 1쇄 발행 | 2023년 11월 30일
초판 2쇄 발행 | 2024년 7월 25일

글쓴이 | 김해동
그린이 | 인선

펴낸이 | 조미현
책임편집 | 황정원
편집진행 | 박단비
디자인 | 씨오디 Color of Dream

펴낸곳 | (주)현암사
등록일 | 1951년 12월 24일 · 제10-126호
주소 | 04029 서울시 마포구 동교로12안길 35
전화 | 02-365-5051 · 팩스 | 02-313-2729
전자우편 | child@hyeonamsa.com
홈페이지 | www.hyeonamsa.com
블로그 | blog.naver.com/hyeonamsa
인스타그램 | www.instagram.com/hyeonam_junior

ⓒ 김해동, 인선 2023
ISBN 978-89-323-7604-2 43330